Απαγορευμένη Γνώση

Αποκαλύπτοντας τα Μυστικά των Αρχαίων Πολιτισμών και την Εξωγήινη Παρέμβαση

Dan Desmarques

22 Lions

Απαγορευμένη Γνώση: Αποκαλύπτοντας τα Μυστικά των Αρχαίων Πολιτισμών και την Εξωγήινη Παρέμβαση

Γράφτηκε από τον Dan Desmarques

Ευρετήριο

Εισαγωγή

Έχετε νιώσει ποτέ ότι η ιστορία μας είναι πολύ πιο πλούσια και πιο πολύπλοκη από ό,τι παρουσιάζεται στην τάξη και στα σχολικά βιβλία; Έχετε αναρωτηθεί ποτέ γιατί ορισμένες αλήθειες φαίνεται να αποκρύπτονται σκόπιμα, κάνοντας την επίσημη αφήγηση να φαίνεται ελλιπής ή ακόμη και κατασκευασμένη; Αν ναι, δεν είστε οι μόνοι. Οι κρυμμένες αλήθειες του παρελθόντος μας περιμένουν να αποκαλυφθούν και έχει έρθει η ώρα να αποκαλυφθούν τα μυστικά που κρύβονται από την ανθρωπότητα εδώ και χιλιετίες.

Στην Απαγορευμένη Γνώση, ξεκινάμε ένα αποκαλυπτικό ταξίδι μέσα από τη μυστηριώδη ιστορία του κόσμου μας. Σε αυτό το βιβλίο, διερευνούμε τα μυστικά των αρχαίων πολιτισμών, τον ενδιαφέροντα ρόλο των εξωγήινων στην εξέλιξή μας και τη συστηματική καταστολή της γνώσης από τους ισχυρούς. Δεν πρόκειται απλώς για μια συλλογή θεωριών, αλλά για ένα κάλεσμα αφύπνισης σε όσους λαχταρούν να κατανοήσουν την αληθινή φύση της ύπαρξής μας και να διεκδικήσουν την πνευματική μας κυριαρχία.

Μέσα από αυστηρή έρευνα και αδιάσειστα στοιχεία, εξερευνούμε τις παρακαταθήκες προηγμένων αρχαίων πολιτισμών όπως η Ατλαντίδα και η Λεμουρία, αποκαλύπτοντας τη βαθιά επιρροή τους στον σύγχρονο κόσμο. Αναλύουμε τη συμμετοχή εξωγήινων όντων, από τη γενετική μηχανική των Ανουννάκι μέχρι τη θεϊκή σοφία που αποδίδεται στους αιγυπτιακούς θεούς. Αποκαλύπτουμε επίσης τις τακτικές που χρησιμοποιούνται από τις εξουσίες για την καταστολή αυτής της γνώσης, συμπεριλαμβανομένης της χειραγώγησης της εκπαίδευσης και των μέσων ενημέρωσης και της ευρείας χρήσης της παραπληροφόρησης.

Ωστόσο, η Απαγορευμένη Γνώση δεν εκθέτει μόνο τις απάτες του παρελθόντος- επιδιώκει επίσης να αγκαλιάσει τις αλήθειες του παρόντος και να οραματιστεί ένα μέλλον που θα τιμά το θεϊκό δυναμικό μας. Ανακαλύπτοντας εκ νέου τα αληθινά μηνύματα φωτισμένων μορφών, μπορούμε να απελευθερωθούμε από τους περιορισμούς του θρησκευτικού δόγματος και να αυξήσουμε τη συνείδησή μας. Αυτό το ταξίδι μας ενθαρρύνει να αναγνωρίσουμε τη διασύνδεση όλων των όντων και τη ζωτική σημασία της συμπόνιας, της ενσυναίσθησης και της ενότητας.

Αν είστε έτοιμοι να αμφισβητήσετε τις αφηγήσεις που μας έχουν επιβληθεί και να αναζητήσετε βαθιές αλήθειες που βρίσκονται πέρα από το πέπλο της εξαπάτησης, τότε αυτό το βιβλίο είναι για εσάς. Το ταξίδι προς την πνευματική απελευθέρωση είναι στρωμένο με τη γνώση, την κατανόηση και το θάρρος να αμφισβητήσετε το status quo. Είναι ένα ταξίδι που μας καλεί να αντιμετωπίσουμε τις σκιές του παρελθόντος μας και να αναζητήσουμε το φως των πραγματικών δυνατοτήτων μας. Αν είστε έτοιμοι να ανακαλύψετε την αλήθεια, ξεκινήστε αυτό το εξαιρετικό ταξίδι σήμερα.

Πρόλογος

Σε έναν κόσμο όπου οι επίσημες αφηγήσεις της ιστορίας μοιάζουν συχνά ελλιπείς ή κατασκευασμένες, πολλοί από εμάς νιώθουμε μια επίμονη περιέργεια και μια επιθυμία να αποκαλύψουμε αλήθειες που έχουν συσκοτιστεί εδώ και χιλιετίες. Η Απαγορευμένη Γνώση σας προσκαλεί σε ένα αποκαλυπτικό ταξίδι στη μυστηριώδη ιστορία του κόσμου μας, εξερευνώντας τα μυστικά των αρχαίων πολιτισμών και τον ενδιαφέροντα ρόλο των εξωγήινων στην εξέλιξή μας. Περισσότερο από μια απλή συλλογή θεωριών, το βιβλίο αυτό είναι μια ηχηρή έκκληση για όσους λαχταρούν να κατανοήσουν την αληθινή φύση της ύπαρξής μας και να διεκδικήσουν την πνευματική μας κυριαρχία. Μέσα από αυστηρή έρευνα και αδιάσειστα στοιχεία, εμβαθύνουμε στις παρακαταθήκες των προηγμένων αρχαίων πολιτισμών και αποκαλύπτουμε τη βαθιά επιρροή τους στον σύγχρονο κόσμο. Καθώς ξεκινάμε αυτό το ταξίδι, ενθαρρυνόμαστε να αμφισβητήσουμε τις αφηγήσεις που μας επιβάλλονται και να αναζητήσουμε τις κρυμμένες αλήθειες πίσω από το πέπλο της πλάνης.

Κεφάλαιο 1: Ξεκλειδώνοντας τα μυστικά των αρχαίων πολιτισμών

Μέχρις ότου η ανθρωπότητα υπερβεί τους φανταστικούς διαχωρισμούς του πολιτισμού, της εθνικότητας και της θρησκείας και αρχίσει να καλλιεργεί τη συμπόνια, την κατανόηση και την ενσυναίσθηση, ο κόσμος θα συνεχίσει την καταστροφική του πορεία. Ο ανταγωνισμός και η φυλετική υπερηφάνεια δεν μπορούν να μας οδηγήσουν σε ένα μέλλον στο οποίο οι εξωγήινοι πολιτισμοί μπορούν να μας βοηθήσουν να εξελιχθούμε. Αυτό το είδος σκέψης υπονομεύει την ικανότητά μας να συνεργαζόμαστε και να υποστηρίζουμε ο ένας τον άλλον. Η ιεραρχική και δυϊστική θεώρηση της πραγματικότητας πρέπει να τελειώσει. Αν αυτό δεν συμβεί και οι άνθρωποι προσκολληθούν σε άκαμπτες και ξεπερασμένες πεποιθήσεις για τον Θεό και τη θρησκεία, ειδικά αυτές των Αβρααμικών θρησκειών, δεν θα υπάρχει καμία ελπίδα εξέλιξης σε αυτόν τον πλανήτη. Η δεισιδαιμονία θα επικρατήσει, και όσοι λατρεύουν όντα με σκοπό να κρατήσουν την ανθρωπότητα υπόδουλη, θα επαναφέρουν τον πλανήτη σε μια πρωτόγονη κατάσταση, που εκλαμβάνεται λανθασμένα ως παράδεισος.

Η ιστορία μάς δείχνει ότι οι άνθρωποι δεν είναι εγγενώς καλοί ή κακοί εξαιτίας της ένταξής τους, αλλά εξαιτίας των πεποιθήσεων και των πράξεών τους. Το κακό είναι παρόν σε όλους τους πολιτισμούς και τις θρησκείες. Οι Αιγύπτιοι δεν ήταν οι μόνοι που υποδούλωσαν ανθρώπους- η πορτογαλική και η ισπανική αυτοκρατορία, υπό την επιρροή του Βατικανού, δημιούργησαν επίσης ένα παγκόσμιο καθεστώς βασισμένο στη δουλεία. Η Ρωμαϊκή Αυτοκρατορία υποδούλωσε το 40% του πληθυσμού της, ακόμη και αφού έγινε η Αγία Καθολική Αυτοκρατορία, και σε κάποια στιγμή της ιστορίας, η Ελλάδα είχε περισσότερους σκλάβους από τους Έλληνες πολίτες. Οι Ευρωπαίοι Χριστιανοί καταδίωξαν και σκότωσαν επίσης πολλούς Εβραίους. Σήμερα, στο Ισραήλ, οι Εβραίοι κατηγορούνται ότι καταπιέζουν τον παλαιστινιακό λαό, ο οποίος είναι ιστορικά και γενετικά πιο στενά συνδεδεμένος με τους βιβλικούς Εβραίους από ό,τι με εκείνους που κατέχουν το Ισραήλ, πολλοί από τους οποίους προήλθαν από άλλα μέρη του κόσμου, ιδίως από την Ανατολική Ευρώπη.

Ο Θεός του Μωυσή μπορεί να παρουσιάζεται ως ο Θεός των καταπιεσμένων, αλλά οι θρησκευτικές αναφορές παρουσιάζουν μια διαφορετική ιστορία. Όταν οι Εβραίοι έφυγαν από την Αίγυπτο με τον Μωυσή, μετανόησαν για την αναχώρησή τους, ζήτησαν να επιστρέψουν στην παλιά τους γη και άρχισαν να λατρεύουν τους αιγυπτιακούς θεούς. Σύμφωνα με αυτές τις αφηγήσεις, σχεδόν όλοι τους σκοτώθηκαν από τον Θεό του Μωυσή και δεν έφτασαν στον προορισμό τους. Όσοι έφτασαν στον προορισμό τους έγιναν δυνάστες, διεξάγοντας πόλεμο εναντίον όλων των φυλών στο όνομα του Θεού τους, δολοφονώντας όλους όσοι τους εναντιώνονταν, συμπεριλαμβανομένων των γυναικών και των παιδιών.

Επιπλέον, η ιδέα ότι ο Θεός του Μωυσή και οι αιγυπτιακοί θεοί ήταν αντίθετοι μεταξύ τους είναι παρανόηση. Οι Αιγύπτιοι είχαν δύο θρησκείες: μία για τον απλό λαό και μία για τους ευγενείς. Δεν έπαψαν ποτέ να πιστεύουν στον Θεό της δημιουργίας. Όπως και οι παρόμοιοι ελληνικοί θεοί, οι αιγυπτιακοί θεοί αποτελούν δημοφιλείς ερμηνείες των ιστοριών των Σουμερίων. Οι Δέκα Εντολές αποκαλύπτουν επίσης τη σκληρότητα και την κακία που επικρατούσε μεταξύ των πρώτων Εβραίων. Γιατί να λένε «Μη σκοτώνεις», «Μη μοιχεύεις» και «Μην κλέβεις», αν αυτά δεν ήταν συνήθεις πρακτικές μεταξύ τους;

Η σκληρότητα επικρατούσε μεταξύ διαφορετικών πολιτισμών και θρησκειών, αλλά υπάρχουν πολλές πλευρές στην ιστορία μας, και έχετε μόνο μία πλευρά ανάλογα με το ποιος την αφηγείται και πού αφηγείται την ιστορία. Πολλές εξωγήινες φυλές υποτίθεται ότι παρενέβησαν στην κοινωνική, πολιτιστική και θρησκευτική μας εξέλιξη, και οι διαφορές μας μας εμπλουτίζουν ακριβώς λόγω αυτού του παρελθόντος. Δεν μπορούμε να χαρακτηρίσουμε ποιος είναι κακός ή καλός με βάση την εθνικότητα, την εθνικότητα, τη θρησκεία ή ακόμη και τον πλανήτη καταγωγής- διαφορετικά, η πλειοψηφία της ανθρώπινης φυλής θα έπρεπε να χαρακτηριστεί ως πολύ επικίνδυνη και αναξιόπιστη. Το καλό και το κακό προέρχονται από τα εσωτερικά μας κίνητρα και επηρεαζόμαστε από ό,τι υπάρχει γύρω μας και από ό,τι καταναλώνουμε, όχι μόνο από την τροφή, αλλά και από τις δονήσεις, την ενέργεια, τις πληροφορίες και τις ιδεολογίες.

Δημιουργούμε τους δικούς μας θεούς όταν επιλέγουμε την ιδεολογία με την οποία ταυτιζόμαστε, αλλά μόνο οι πολύ ανόητοι θα ήταν ικανοποιημένοι με μια κατάσταση ψυχικής σκλαβιάς όπως αυτή που προωθείται από ορισμένες θρησκευτικές ερμηνείες. Από τότε που η επιστήμη άρχισε να μελετά το ανθρώπινο DNA, πολλές πεποιθήσεις για τη φύση μας έχουν αλλάξει. Ωστόσο, πολλοί άνθρωποι παραμένουν κολλημένοι σε ξεπερασμένες και πρωτόγονες πεποιθήσεις. Πολύ λίγοι άνθρωποι ενδιαφέρονται να διορθώσουν τα λάθη του παρελθόντος, γι' αυτό και υπάρχουν ακόμα τόσα πολλά βιβλία στο εκπαιδευτικό σύστημα που διδάσκουν λάθος πράγματα. Η κοινωνία φαίνεται να ενδιαφέρεται περισσότερο για τη διατήρηση του status quo παρά για την εξήγηση των παραδοχών του παρελθόντος. Οι μεγάλες αλλαγές θα είχαν πιθανώς απρόβλεπτες συνέπειες, και κανείς δεν φαίνεται πρόθυμος να αναλάβει την ευθύνη για το πώς θα αντιδρούσε η κοινωνία σε όσα είναι γνωστά σήμερα.

Κεφάλαιο 2: Αναζητώντας την ενότητα σε έναν διχασμένο κόσμο

Πολλοί θρησκευόμενοι αγνοούν τα γεγονότα και τις αλήθειες, θεωρώντας τους εαυτούς τους υπεράνω κάθε παρουσίασης συγκεκριμένων αποδείξεων. Κάποτε πίστευα ότι οι άνθρωποι άνω των 80 ετών θα ήταν διαφορετικοί, αλλά αντ' αυτού έδειξαν τις συνέπειες μιας ζωής αβάσιμων πεποιθήσεων. Αυτά τα άτομα πίστευαν πραγματικά ότι έπρεπε να με διδάξουν, όχι να μάθουν, και ως εκ τούτου έχασαν την ευκαιρία να λάβουν αυτό που προσεύχονταν να λάβουν. Το πιστεύω αυτό επειδή πολλοί έχουν ομολογήσει ότι έχουν αμφιβολίες για τα θέματα για τα οποία γράφω, αλλά δεν έχουν διαβάσει τα βιβλία μου ή δεν μου έχουν ζητήσει να μοιραστώ τις γνώσεις μου. Δεν μπορούν να ξεπεράσουν τον φόβο και τις δεισιδαιμονίες που κάνουν τις προσευχές τους αναποτελεσματικές.

Πολλοί που προσεύχονται δεν σέβονται τον εαυτό τους επειδή απορρίπτουν τους δύο κύριους τρόπους με τους οποίους το σύμπαν ανταποκρίνεται: μέσω ατόμων εκτός της θρησκευτικής τους κοινότητας και μέσω εκείνων που εμπνέονται από τον Δημιουργό. Ο Δημιουργός, ο οποίος υπερβαίνει τη θρησκεία, βοηθά όλους όσοι Τον αναζητούν. Αυτό για το οποίο προσεύχεστε, το λαμβάνετε, ακόμη και αν δεν είναι αυτό που περιμένετε. Το πρόβλημα με τις μονοθεϊστικές θρησκείες δεν είναι η πίστη σε έναν μόνο Θεό, αλλά η αναπαράσταση του Θεού στα κείμενά τους ως του μόνου αληθινού.

Σκεφτείτε, για παράδειγμα, έναν μουσουλμάνο και έναν χριστιανό που προσεύχονται στον Θεό για απαντήσεις που βρίσκονται στα αντίστοιχα βιβλία τους. Όταν συναντιούνται, δεν μπορούν να ακούσουν ο ένας τον άλλον επειδή ανήκουν σε διαφορετικές θρησκείες. Για να καταδείξετε τον παραλογισμό αυτής της συμπεριφοράς, φανταστείτε ότι θα μπορούσατε να συμβουλευτείτε έναν γιατρό μόνο από τη δική σας θρησκευτική κοινότητα. Πόσους γιατρούς θα βρίσκατε; Αν οι αλληλεπιδράσεις μας μετριούνταν με βάση τις θρησκευτικές πεποιθήσεις, η κοινωνία θα ήταν δυσλειτουργική. Ωστόσο, αυτό συμβαίνει όταν οι άνθρωποι αρνούνται να μάθουν για την πνευματικότητα από κάποιον εκτός της θρησκευτικής τους κοινότητας. Αυτή η γενικευμένη υποκρισία υποδηλώνει ότι ο Θεός αγνοεί τις επιθυμίες των οπαδών του, αν αυτοί δεν ακολουθούν μια συγκεκριμένη θρησκεία.

Η αλήθεια δεν ανήκει σε καμία θρησκεία, επειδή οι θρησκείες είναι ανθρώπινες προσπάθειες να κατανοήσουν τη ζωή. Η αλαζονεία και η υποκρισία κάνουν τους ανθρώπους κουφούς και η άγνοια τυφλούς. Όταν μια θρησκευτική ομάδα λατρεύει τον λάθος Θεό μέσω των πρακτικών της, ακολουθεί ένα ψευδές δόγμα. Αυτά τα δόγματα βασίζονται ιστορικά στην ανάγκη των ανθρώπων για απλοποιήσεις, γραμμικές ερμηνείες, φαντασιώσεις και τρόπους ικανοποίησης των δεισιδαιμονιών τους. Δεν είναι προετοιμασμένοι για μια πιο άμεση προσέγγιση της αλήθειας, ειδικά αν αυτή έρχεται σε αντίθεση με τις αξίες τους, γεγονός που αποδεικνύει ότι η θρησκεία είναι περισσότερο εναρμονισμένη με την ανθρώπινη επινόηση παρά με τα γεγονότα.

Η πνευματικότητα που έχει τις ρίζες της στην αλήθεια και στις ανθρώπινες καταβολές μας είναι πολύ περίπλοκη για τα όρια των απλών ανθρώπων και μπορεί να γίνει κατανοητή μόνο μέσω του μυστικισμού και της φαντασίας. Ως εκ τούτου, κρύβονται πολλά πίσω από σύμβολα και αλληγορίες που ένα προετοιμασμένο μυαλό μπορεί να ερμηνεύσει βαθύτερα από το συνηθισμένο μυαλό. Ο συνηθισμένος νους δυσκολεύεται να κατανοήσει την ίδια του την ταυτότητα, γεγονός που καθιστά αδύνατη την υπέρβαση και την πορεία προς ένα πιο μεγαλειώδες και ολοκληρωμένο όραμα της ζωής. Ο συνηθισμένος νους δεν αντιλαμβάνεται ότι το μίσος που τρέφει εναντίον των ξένων εχθρών βρίσκεται στις καρδιές εκείνων που είναι σφόδρα προσκολλημένοι στα δόγματά τους.

Η αυταρέσκεια είναι εμφανής όταν οι άνθρωποι μισούν τους εισβολείς και τους αποικιοκράτες τους χωρίς να συνειδητοποιούν ότι κατάγονται από τέτοιους ανθρώπους. Είναι ακόμη πιο παράλογο όταν είναι περήφανοι για μια χώρα με σύνορα που δεν έχουν κανένα νόημα. Είναι παράλογο να είσαι περήφανος για ένα έθνος που οι πρόγονοί σου κατέλαβαν με τη βία. Αυτός ο παραλογισμός περιγράφει με ακρίβεια την κατάσταση πολλών εθνών.

Θυμάμαι, για παράδειγμα, μια Λιθουανή να μιλάει για τους τρομερούς Ρώσους κατά τη διάρκεια της σοβιετικής κατοχής. Καθώς το όνομά της ήταν ρωσικό, της είπα: «Βασικά μισείτε ο ένας τον άλλον και είστε περήφανοι για ένα έθνος που δεν είναι καν δικό σας!». Παρομοίως, άκουσα κάποτε έναν Βραζιλιάνο να επικρίνει τους

Πορτογάλους επειδή αποίκισαν τη Βραζιλία. Τον ρώτησα αν είχε Πορτογάλους προγόνους και μου είπε ναι, ότι ήταν οι παππούδες του. Τότε του απάντησα: «Οπότε ουσιαστικά μισείτε αυτό που έκαναν οι ίδιοι οι πρόγονοί σας». Στη νότια Ισπανία, παρατήρησα σημαντικό ρατσισμό κατά των Αράβων, περισσότερο από ό,τι στη Γαλλία, πράγμα που είναι ειρωνικό, διότι οι μουσουλμάνοι κατέκτησαν όλη την Ισπανία εκτός από τη Γαλλία και παρέμειναν στην εξουσία για αιώνες. Πόσο ισπανική είναι η Ισπανία μετά από σχεδόν οκτώ αιώνες ισλαμικής κυριαρχίας; Αναρωτιέμαι επίσης αν οι Ισπανοί χρησιμοποιούν καθρέφτες για να δουν τον εαυτό τους με ακρίβεια, αφού πολλοί μοιάζουν με Άραβες.

Κεφάλαιο 3: Αμφισβήτηση του θρησκευτικού δόγματος

Οι Αμερικανοί πολίτες εκφράζουν συχνά την ανησυχία τους για τη λεγόμενη μεξικανική εισβολή και την επικράτηση της ισπανικής γλώσσας σε πολλά μέρη των Ηνωμένων Πολιτειών. Ωστόσο, συχνά αγνοούν το ιστορικό γεγονός ότι οι περιοχές αυτές αποτελούσαν αρχικά τμήμα του Μεξικού. Δεν είναι τόσο ότι οι Μεξικανοί έρχονται στις Ηνωμένες Πολιτείες, όσο ότι επιστρέφουν στα πατρογονικά τους εδάφη. Στην ουσία, δεν πρόκειται για εισβολή, αλλά για επανακατάληψη των προγονικών εδαφών.

Εξάλλου, τι είναι ένας Αμερικανός χωρίς να γνωρίζει το pow wow; Πολλοί Αμερικανοί δεν γνωρίζουν αυτή την παράδοση, η οποία ανήκει στους ιθαγενείς Αμερικανούς, τους αρχικούς κατοίκους της χώρας. Ωστόσο, η ξενοφοβία και ο ρατσισμός επιμένουν μεταξύ πολλών, κρυμμένοι πίσω από μια λανθασμένη αίσθηση υπερηφάνειας για μια γη που κατέλαβαν οι πρόγονοί τους.

Ο εθνικισμός συχνά κρύβει μια βαθιά άγνοια της ταυτότητας, της ιστορίας, ακόμη και της γενετικής προέλευσης του καθενός. Η άγνοια αυτή επεκτείνεται και στις πνευματικές πεποιθήσεις, οι οποίες συχνά βρίσκονται σε εξίσου χαμηλό γνωστικό επίπεδο, όπως αποδεικνύεται από την υπερηφάνεια σε θρησκείες που βασίζονται σε αμφισβητήσιμα θεμέλια, όπως οι αβρααμικές θρησκείες. Δεν αποτελεί έκπληξη το γεγονός ότι πολλοί είναι αποσυνδεδεμένοι από θέματα όπως η μετενσάρκωση και η εξωγήινη ζωή, καθώς αυτές οι αλήθειες αμφισβητούν την υπερηφάνειά τους για τα γονίδια, την εμφάνιση, το έθνος, τη θρησκεία και τα δόγματα.

Όταν συζητάμε για προηγμένους πολιτισμούς, ξεχνάμε ότι φαίνονται μακρινοί μόνο λόγω της άγνοιάς μας. Αν μπορούσαμε να εξελιχθούμε ώστε να δεχτούμε αυτά τα στοιχεία, θα μπορούσαμε να αφήσουμε στην άκρη τον μονοθεϊσμό που βασίζεται στις δεισιδαιμονίες και τον φόβο και να οικοδομήσουμε μια αληθινή κοινότητα διαγαλαξιακών διαστημικών ταξιδιωτών. Η ιδέα ότι ένα άτομο ανήκει σε ένα μέρος και ένα άλλο σε ένα άλλο, και ότι δεν είμαστε όλοι μέρος της ίδιας οικογένειας σε μια γιγαντιαία σφαίρα που πετάει στο διάστημα, είναι μια απλοϊκή άποψη της ζωής που περιορίζει τις δυνατότητές μας.

Η ιστορία της ανθρωπότητας σε αυτόν τον πλανήτη μας δείχνει ότι, παρά τους διαχωρισμούς που επιβάλλουν οι μονοθεϊστικές θρησκείες, είμαστε όλοι ένα. Η Βόρεια και η Νότια Αμερική, για παράδειγμα, αποτελούνται από ανθρώπους που έφυγαν από τη φτώχεια, τον πόλεμο και τις θρησκευτικές διώξεις στην Ευρώπη, καθώς και από απογόνους Ισπανών και Πορτογάλων αποικιοκρατών, εδάφη που κατείχαν οι μουσουλμάνοι για σχεδόν οκτώ αιώνες. Οι αρχικοί κάτοικοι της Βόρειας Αμερικής, οι ιθαγενείς Αμερικανοί, είναι αποδεδειγμένα απόγονοι Ασιατών, με τον παλαιότερο γενετικό τους σύνδεσμο στη Σιβηρία, τη σημερινή Ρωσία.

Οι ασιατικοί λαοί που καταλαμβάνουν τη σημερινή Κίνα, τη Ρωσία, την Ιαπωνία και τις γύρω περιοχές κατάγονται από έναν πολιτισμό που κατέλαβε βυθισμένες πόλεις στον Ειρηνικό Ωκεανό. Πολλοί σύγχρονοι Ρώσοι είναι απόγονοι Σλάβων που διέφυγαν από τους μογγολικούς διωγμούς στην Ανατολική Ευρώπη, ενώ οι Ευρωπαίοι είναι απόγονοι Αφρικανών που μετανάστευσαν βόρεια κατά τη διάρκεια της Ρωμαϊκής Αυτοκρατορίας, κυρίως ως σκλάβοι, μια διαδικασία που διήρκεσε 1.480 χρόνια και επεκτάθηκε σε πολλές περιοχές της Βόρειας Αφρικής.

Σύμφωνα με γενετικές μελέτες, δεν υπήρχαν αρχεία ή στοιχεία για Καυκάσιους στην Ευρώπη μέχρι πριν από περίπου 8.500 χρόνια. Μόνο πριν από περίπου 7.700 χρόνια εμφανίστηκαν τα πρώτα στοιχεία για «χλωμούς, γαλανομάτες» ανθρώπους, που βρέθηκαν στη σημερινή Σουηδία. Εκείνη την εποχή, οι άνθρωποι στην κεντρική και νότια Ευρώπη είχαν πιο σκούρο δέρμα. Αν και οι απόψεις μπορεί να διαφέρουν, είναι πιθανό ότι η εξάπλωση των καυκάσιων ανθρώπων στη Βόρεια Αφρική και την υπόλοιπη Ευρώπη εξαναγκάστηκε από τη δουλεία. Στην πραγματικότητα, η λέξη «σκλάβος» προέρχεται από τη λέξη «Σλάβος». Οι Σλάβοι, οι οποίοι κατοικούσαν σε μεγάλο μέρος της Ανατολικής Ευρώπης, πάρθηκαν ως σκλάβοι από τους μουσουλμάνους.

Οι Σλάβοι αναδύθηκαν από την αφάνεια και πολλοί μελετητές πιστεύουν ότι πρόκειται για Σκανδιναβούς Βίκινγκς, έναν κλάδο των Βαράγγων, οι οποίοι μετακινήθηκαν νότια από τις ακτές της Βαλτικής και ίδρυσαν το πρώτο παγιωμένο κράτος μεταξύ των

Ανατολικών Σλάβων, με έδρα το Κίεβο. Ωστόσο, υπάρχουν αναφορές για αποστολές των Βίκινγκς στο Ιράν ήδη από το 1036 και στη Βόρεια Αμερική ακόμη και πριν από αυτό. Ορισμένοι πιστεύουν ότι οι Βίκινγκς έκαναν ήδη εμπόριο με την Κίνα εκείνη την εποχή. Είναι επίσης ενδιαφέρον να σημειωθεί ότι οι σκλάβοι, ή δουλοπάροικοι, ήταν μεταξύ των σημαντικότερων αγαθών που εμπορεύονταν οι Βίκινγκς. Τους αποκτούσαν κυρίως σε αποστολές στην Ανατολική Ευρώπη και στις Βρετανικές Νήσους. Μπορούσαν επίσης να τους αποκτήσουν στην πατρίδα τους, καθώς αδικήματα όπως ο φόνος και η κλοπή τιμωρούνταν με δουλεία.

Δεν είναι δύσκολο να υποθέσουμε ότι οι Σλάβοι είναι απόγονοι των σκλάβων των Βίκινγκς που μεταφέρθηκαν στο Ιράν και ανταλλάχθηκαν για εγκλήματα που διαπράχθηκαν στην πατρίδα τους. Ήταν το εμπόρευμα των Βίκινγκς, ένα από τα πιο πολύτιμα εμπορεύματα. Η υπόθεση αυτή υποστηρίζεται από το γεγονός ότι ορισμένοι αποδίδουν την καταγωγή των Σλάβων στο Ιράν, αφού αργότερα μετανάστευσαν στην Ανατολική Ευρώπη και στις ακατοίκητες περιοχές της Γερμανίας και της υπόλοιπης Ευρώπης. Είναι σαφές ότι διέφευγαν από τα αφεντικά τους στο Ιράν και δεν υπήρχε επιλογή να μεταναστεύσουν βόρεια προς τους ανθρώπους που τους είχαν εκδιώξει. Έτσι μετανάστευσαν προς τα ανατολικά και αργότερα προς τα δυτικά.

Επομένως, οι Σλάβοι μπορούν να εντοπίσουν την καταγωγή τους στους εγκληματίες Βίκινγκς και στους Ιρανούς σκλάβους, ενώ η Σουηδία είναι η αρχική γη από την οποία προέκυψαν τα πρώτα γαλανομάτικα καυκάσια χαρακτηριστικά, πολύ πιο πρόσφατα από ό,τι σε άλλα μέρη του κόσμου. Αυτό μας οδηγεί στο συμπέρασμα ότι οι Ασιάτες και οι Αφρικανοί ήταν από τους πρώτους λαούς που εμφανίστηκαν στη Γη και ότι οι Άραβες προέκυψαν πιθανώς ως υβρίδιο των δύο. Ωστόσο, αυτή η πιθανότητα αντικρούεται από τις πινακίδες των Σουμερίων, οι οποίες τοποθετούν τη γέννηση του πολιτισμού στη Μεσοποταμία. Μήπως όχι μία, αλλά πολλές εξωγήινες φυλές παρενέβησαν στην προέλευσή μας;

Κεφάλαιο 4: Μετανάστευση και ταυτότητα

Τα επιστημονικά στοιχεία δείχνουν ότι οι πρώτες καταγραφές της ανθρώπινης ζωής εντοπίζονται στην Αφρική, ιδίως στις πλούσιες σε χρυσό νότιες περιοχές. Οι καταγραφές αυτές χρονολογούνται πριν από περίπου 2,4 εκατομμύρια χρόνια. Στην περιοχή αυτή έχουν ανακαλυφθεί διάφορα ανθρωποειδή είδη, όπως ο Homo habilis, ο Homo rudolfensis, ο Homo erectus, οι Νεάντερταλ και οι Ντενίσοβαν. Αν και ορισμένοι εικάζουν ότι οι πρώτοι άνθρωποι ήταν γενετικά τροποποιημένοι για να εξορύσσουν χρυσό, αυτή η υπόθεση υπεραπλουστεύει την ανθρώπινη ιστορία. Διαφορετικές εξωγήινες οντότητες μπορεί να είχαν διαφορετικούς σκοπούς στη Γη. Επιπλέον, συχνά αγνοούμε τις τεράστιες πληροφορίες που κρύβονται κάτω από τους ωκεανούς μας και τις συχνές αντιφάσεις που αντιμετωπίζουν οι αρχαιολόγοι. Η γραμμική εξέλιξη είναι δύσκολο να αποδειχθεί πειστικά.

Πολυάριθμες εξωγήινες φυλές φέρονται να έχουν χειραγωγήσει τα ανθρώπινα γονίδια σε όλο τον πλανήτη και πέρα από αυτόν, φέρνοντας πιθανώς ακόμη και ανθρώπους από άλλους κόσμους. Η υπόθεση αυτή υποδηλώνει ότι η Γη μπορεί να μην είναι ο μόνος πλανήτης που κατοικείται από ανθρώπους. Στην πραγματικότητα, ορισμένες θεωρίες υποστηρίζουν ότι το ανθρώπινο είδος είναι ένα από τα πιο διαδεδομένα στο σύμπαν. Οι διάφορες ανθρώπινες φυλές που απαντώνται σε όλο τον κόσμο αποτελούν απόδειξη αυτού του γεγονότος. Ωστόσο, η ιδέα της ανωτερότητας των Καυκάσιων -μια πεποίθηση που υποστήριξαν οι Ναζί και εξακολουθούν να υποστηρίζουν ορισμένοι στις ΗΠΑ και την Ευρώπη- είναι αβάσιμη και παράλογη.

Η αλληλένδετη ιστορία μας και οι διαφορετικές γενετικές καταβολές μας υπογραμμίζουν τη θεμελιώδη ενότητα της ανθρωπότητας. Οι διαχωρισμοί που προωθούνται από μονοθεϊστικές θρησκείες και εθνικιστικές ιδεολογίες είναι τεχνητές κατασκευές που συσκοτίζουν την κοινή μας κληρονομιά και το πεπρωμένο μας. Για να προοδεύσουμε ως είδος, πρέπει να αγκαλιάσουμε το συλλογικό μας παρελθόν και να αγωνιστούμε για ένα μέλλον που θα καθοδηγείται από τη συμπόνια, την ενσυναίσθηση και την κατανόηση και όχι από το φόβο, το μίσος και την άγνοια. Είναι σημαντικό να σημειωθεί ότι οι Καυκάσιοι κατάγονται από ιστορικά βίαιες ομάδες και ήταν μία από τις τελευταίες φυλές που εμφανίστηκαν στη Γη. Πολλοί από αυτούς υποδουλώθηκαν από τη Ρωμαϊκή Αυτοκρατορία και τους Άραβες, με αποτέλεσμα να διασκορπιστούν και να διακινηθούν ως υπηρέτες και εργάτες του σεξ, συμβάλλοντας στην ποικιλία του χρωματισμού που παρατηρείται σε διάφορες περιοχές.

Όσον αφορά τον χρωματισμό του δέρματος, αξίζει να τονιστεί ότι, παρά τις διακρίσεις κατά των σκουρόχρωμων ατόμων σε ορισμένους ασιατικούς πολιτισμούς, ο σκούρος χρωματισμός είναι πιο κατάλληλος για τον πλανήτη Γη, ιδίως για τους πληθυσμούς που ζουν νότια του ισημερινού. Καθώς κάποιος κινείται βόρεια του ισημερινού, οι απόγονοι αναμένεται να έχουν περισσότερες πιθανότητες να αναπτύξουν πιο ανοιχτόχρωμο δέρμα λόγω της μικρότερης έκθεσης στο ηλιακό φως. Αυτή η γενετική μεταφορά γίνεται εμφανής όταν άτομα με διαφορετικό υπόβαθρο αποκτούν παιδιά, με ορισμένα γονίδια να γίνονται κυρίαρχα ανάλογα με την περιοχή και τη γενετική καταγωγή των γονέων.

Τα άτομα με ανοιχτόχρωμο δέρμα αντιμετωπίζουν συχνά προκλήσεις σε περιβάλλοντα με έντονη ηλιακή ακτινοβολία και κινδυνεύουν από ηλιακά εγκαύματα, εκτός από περιοχές με περιορισμένη έκθεση στον ήλιο. Είναι εύλογο ότι όσοι ζούσαν σε σπηλιές για γενεές, συντηρούμενοι με άγρια φρούτα και αποξηραμένο κρέας, ανέπτυξαν αυτή τη μελάγχρωση, ενώ οι πληθυσμοί που κυνηγούσαν κυρίως ανέπτυξαν χαρακτηριστικά που τελειοποιούσαν τις κυνηγετικές τους ικανότητες. Ακόμη και το κρύο κλίμα είναι συχνά ανυπόφορο για τους Καυκάσιους, γεγονός που υποδηλώνει ότι έχουν αναπτύξει χαρακτηριστικά που είναι λιγότερο προσαρμοστικά στον πλανήτη. Ωστόσο, συχνά θεωρούνται ως η «κύρια φυλή» και, σύμφωνα με διάφορες μελέτες, αποτελούν την πρώτη επιλογή για τις γυναίκες που αναζητούν σύντροφο.

Αυτό εγείρει ερωτήματα σχετικά με την αντίληψή μας για την ομορφιά και την πιθανή γενετική προέλευσή της. Έχουμε προδιάθεση να θαυμάζουμε τους ανοιχτόχρωμους ανθρώπους; Γιατί οι Χριστιανοί παρουσιάζουν γενικά τον Ιησού ως λευκό και προσβάλλονται όταν τον παρουσιάζουν ως Παλαιστίνιο ή Άραβα, παρόλο που αυτή είναι πιθανώς η πραγματική του εμφάνιση, αν υπήρξε ποτέ; Ή μήπως αυτό σχετίζεται με την τάση ορισμένων ανθρώπων να έλκονται από ορισμένα χαρακτηριστικά της προσωπικότητας;

Η ιστορική βία που συνδέεται με τις κοινωνίες στις οποίες κυριαρχεί ο Καυκάσιος είναι καλά τεκμηριωμένη, συμπεριλαμβανομένων των γενοκτονιών που διαπράχθηκαν από διάφορες αυτοκρατορίες και έθνη. Η βία και η παραβίαση των ορίων φαίνεται να είναι επαναλαμβανόμενα θέματα σε ορισμένες κοινωνίες που κυριαρχούνται από τον Καύκασο σε όλη τη διάρκεια της ιστορίας. Επομένως, είναι πιο φυσικό για όλες τις φυλές στη Γη να αναμειγνύονται παρά να διαιρούνται και να ανταγωνίζονται για την υπεροχή. Εν τω μεταξύ, είναι ειρωνικό το γεγονός ότι δύο από τις υπερδυνάμεις του κόσμου, η Ρωσία και η Βόρεια Αμερική, έχουν σχηματίσει μια αμφισβητούμενη «Βόρεια Ζώνη» που βασίζεται στη μετανάστευση και τις συγκρούσεις των καυκάσιων λαών.

Αν και δεν είναι ούτε δίκαιο ούτε ακριβές να κατηγορούμε μια ολόκληρη φυλή ότι είναι εγγενώς ρατσιστική, το ιστορικό αρχείο των γενοκτονιών υπό την ηγεσία των Καυκάσιων εναντίον των αυτόχθονων πληθυσμών είναι αδιαμφισβήτητο και βαθιά ανησυχητικό. Ορισμένοι Καυκάσιοι αποικιοκράτες εξολόθρευσαν συστηματικά τους πληθυσμούς και τις γενετικές γραμμές των αυτόχθονων λαών. Με γνώμονα την ιμπεριαλιστική επέκταση και τις ρατσιστικές ιδεολογίες, οι θηριωδίες αυτές κατέστρεψαν σχεδόν ολοκληρωτικά τις κοινότητες αυτές, με καταστροφικές συνέπειες που εξακολουθούν να έχουν αντίκτυπο μέχρι σήμερα.

Κεφάλαιο 5: Το πλούσιο μωσαϊκό της ανθρώπινης εξέλιξης

Κατά τη διάρκεια της ιστορίας, οι κυρίαρχες θρησκείες, αξίες και κοσμοθεωρίες έχουν συχνά υιοθετηθεί από τους πληθυσμούς που υπέστησαν γενοκτονία, αντί να αντανακλούν την πραγματική ποικιλομορφία και πνευματικότητα της ανθρωπότητας. Οι ιμπεριαλιστικοί πόλεμοι που διεξήγαγαν οι Ηνωμένες Πολιτείες της Αμερικής, η Μεγάλη Βρετανία και η Ρωσία αποτελούν παράδειγμα για το πώς αυτές οι ληστρικές νοοτροπίες έχουν επιμείνει, καλυμμένες με τη ρητορική της απελευθέρωσης και της θρησκευτικής δικαιοσύνης.

Μια ιδιαίτερα ολέθρια μορφή ρατσισμού είναι η τάση συσχέτισης του χρώματος του δέρματος με την πνευματικότητα και τις ξένες φυλές. Αυτός ο συσχετισμός έχει συχνά χρησιμοποιηθεί για να νομιμοποιήσει την υπεροχή των καυκάσιων πληθυσμών και των θρησκευτικών τους δογμάτων. Οι ισχυρισμοί περί αγγέλων και εξωγήινων με λευκά και σκανδιναβικά χαρακτηριστικά δεν υποστηρίζονται από τα γεγονότα και χρησιμεύουν επίσης στη διαιώνιση επιβλαβών φυλετικών προκαταλήψεων.

Είναι βαθύτατα ανησυχητικό το γεγονός ότι οι λεγόμενοι «πνευματικοί γκουρού» και οι δυτικοί συγγραφείς συνεχίζουν να προωθούν αυτές τις ρατσιστικές αφηγήσεις, χρησιμοποιώντας το φαινόμενο της επαφής με τους εξωγήινους για να δώσουν αξιοπιστία σε παράλογους και μεροληπτικούς ισχυρισμούς. Τα άτομα αυτά πρέπει να λογοδοτήσουν για το ρόλο τους στη διάδοση της παραπληροφόρησης και τη διαιώνιση επιβλαβών φυλετικών στερεοτύπων.

Ορισμένοι από τους πιο επιφανείς επαφές, όπως ο Billy Meier, έχουν δηλώσει δημοσίως ότι δεν υπάρχει καμία εξελικτική τάση προς το λευκό δέρμα μεταξύ των Πλειάδων ή οποιουδήποτε άλλου γνωστού εξωγήινου είδους. Στην πραγματικότητα, οι εξωγήινοι, είτε μοιάζουν με ανθρώπους είτε όχι, είναι πιθανό να αναπτύξουν ένα ευρύτερο φάσμα μελάγχρωσης λόγω των διαφορετικών πλανητικών συνθηκών στις οποίες εκτίθενται. Το φαινόμενο αυτό αντανακλά τον τρόπο με τον οποίο οι άνθρωποι στη Γη θα προσαρμόζονταν σε παρόμοιες συνθήκες.

Ένα άλλο ψεύδος που διαιωνίζεται από τους απατεώνες είναι ο ισχυρισμός ότι οι Πλειάδιοι είναι μέλη μιας συμμαχίας πολιτισμών που λαμβάνουν συμβουλές από όντα από την Ανδρομέδα. Αυτή η υποτιθέμενη συμμαχία λέγεται ότι περιλαμβάνει χιλιάδες κοινωνίες διάσπαρτες σε όλο τον γαλαξία της Ανδρομέδας και τον Γαλαξία μας, με συνολικό πληθυσμό περίπου 127 δισεκατομμυρίων όντων. Ο παραλογισμός αυτού του ισχυρισμού είναι προφανής: υπονοεί ότι οι λεγόμενοι λευκόδερμοι Πλειάδιοι θα ήταν κατώτεροι από έναν πληθυσμό όντων με μπλε ή πράσινο δέρμα. Πώς θα μπορούσε να ισχύει αυτή η ιδέα;

Ο Billy Meier αναγνώρισε την ύπαρξη μιας μεγάλης ποικιλίας αποχρώσεων δέρματος μεταξύ των προηγμένων εξωγήινων πολιτισμών, συμπεριλαμβανομένου του μαύρου. Αυτή η ποικιλομορφία επεκτείνεται και σε πληθυσμούς που μοιάζουν με τους ανθρώπους. Επιπλέον, η ιδέα μιας ιεραρχίας με βάση τον τόνο του δέρματος είναι παράλογη όταν εξετάζεται από την οπτική γωνία της μετενσάρκωσης. Αν τα ανθρώπινα όντα δεν εξελίσσονταν μέσα από διαφορετικές εμπειρίες, αλλά προχωρούσαν προς ένα συγκεκριμένο τελικό σημείο, οι αρχές της πνευματικής επιστήμης θα έχαναν το νόημά τους.

Η μετενσάρκωση αποτελείται από κύκλους εμπειριών σε διαφορετικά σώματα και φύλα, μια βουδιστική έννοια γνωστή ως σαμσάρα. Αυτές οι εμπειρίες δεν μπορούν να συσχετιστούν με το χρώμα του δέρματος, καθώς ο χρωματισμός δεν έχει καμία σχέση με τα ουσιώδη πνευματικά μαθήματα που πρέπει να μάθουμε προκειμένου να υιοθετήσουμε διαφορετικές προοπτικές. Υπερβαίνουμε το γήινο βασίλειο όταν δεν χρειαζόμαστε πλέον πρόσθετες εμπειρίες και γνώσεις για να κατανοήσουμε τη φύση της ψυχής. Αυτή η κατάσταση ονομάζεται διαφώτιση. Δεν αντιπροσωπεύει την απόλυτη ελευθερία, αλλά μια μερική απελευθέρωση που συνδέεται με την απελευθέρωση από τον κύκλο του σαμσάρα σε αυτόν τον πλανήτη. Μόλις απελευθερωθεί, το ον είναι ελεύθερο να συνεχίσει το πνευματικό του ταξίδι αλλού, με μια ευρύτερη και πιο επεκτατική άποψη της ζωής.

Σε αυτό το πλαίσιο, ένας Αστροσπόρος είναι ένα άτομο που μπορεί να έχει υπάρξει στο παρελθόν στη Γη, αλλά έχει απελευθερωθεί για να εξερευνήσει άλλα πεδία και επιστρέφει οικειοθελώς για να βοηθήσει στην πνευματική ανάβαση των άλλων. Αυτή η αποστολή ενσαρκώνει ανώτερες πνευματικές αξίες που συνδέονται με τον αλτρουισμό, αν και εκφράζεται σε χαμηλότερο επίπεδο πυκνότητας όσον αφορά το φάσμα των δονήσεων. Είμαστε όλοι μέρος μιας τεράστιας διαπλανητικής οικογένειας και οι άνθρωποι δεν είναι απομονωμένα όντα δεμένα σε έναν μόνο πλανήτη. Κατά συνέπεια, ένας Αστροσπόρος μπορεί να γεννηθεί σε διαφορετικά μέρη του κόσμου και μέσα σε διαφορετικούς πολιτισμούς, ανάλογα με τη φύση της αποστολής που έχει να εκπληρώσει και τα μοναδικά πνευματικά χαρακτηριστικά του.

Καθώς τα άτομα μπορούν να φεύγουν και να επιστρέφουν στον πλανήτη κατά βούληση, είναι επίσης δυνατό να επιστρέψουν στον ίδιο πλανήτη λόγω έλλειψης ελεύθερης βούλησης και να ξαναγεννηθούν σε διαφορετικούς πολιτισμούς, βιώνοντας διαφορετικές παραδόσεις και θρησκείες. Τελικά, τα πιο απελευθερωμένα άτομα είναι εκείνα που δεν είναι προσκολλημένα στο σώμα τους ή στην πατρίδα τους και που είναι ελεύθερα να μαθαίνουν από τους άλλους. Ένα άτομο που μπορεί να ταξιδέψει, για παράδειγμα, βρίσκεται σε ένα πνευματικό ταξίδι επειδή έχει την ευκαιρία να διευρύνει τη συνείδησή του. Δυστυχώς, πολλοί σπαταλούν αυτή την ευκαιρία εστιάζοντας στις υλικές απολαύσεις, σε στιγμές τεμπελιάς και καλοπέρασης, πράγμα που συχνά οδηγεί σε καρμικό απολογισμό αργότερα στη ζωή, με αποτέλεσμα την απώλεια όλων όσων πίστευαν ότι μπορούσαν να κρατήσουν επ' αόριστον.

Κεφάλαιο 6: Καταρρίπτοντας τους φυλετικούς μύθους

Αν και έχουμε το δικαίωμα να απολαμβάνουμε τα δώρα της ζωής, είναι κρίμα να μην τα βλέπουμε ως ευκαιρίες για να υπερβούμε σε ανώτερες σφαίρες και να συνεισφέρουμε περισσότερο στον πλανήτη. Οι ευκαιρίες μπορεί να μην παρουσιαστούν με τον ίδιο τρόπο σε διαφορετικές ζωές και πολλά μπορούν εύκολα να ξεχαστούν. Αυτό που δημιουργούμε σε μια ζωή μπορεί, και πιθανότατα θα το βιώσουμε και στην επόμενη. Επομένως, είναι σοφό να καλλιεργούμε το καλό κάρμα και να αφήνουμε θετικές αναμνήσεις που μπορούν εύκολα να προσπελαστούν μέσω της άμεσης εμπειρίας. Υπό αυτή την έννοια, η σύνδεση του χρώματος του δέρματος με την πνευματική πρόοδο δεν είναι μόνο παράλογη, αλλά και ενδεικτική μιας βαθιάς παρανόησης του τι πραγματικά συνεπάγεται η πνευματικότητα. Τέτοιες πεποιθήσεις αντανακλούν γνωστική ανεπάρκεια και έλλειψη συνειδητοποίησης.

Δυστυχώς, πολλοί άνθρωποι που έχουν αυτές τις απόψεις κατέχουν εξέχουσες θέσεις σε εκκλησίες και άλλες κοινότητες. Είναι εξίσου παράλογο να πιστεύει κανείς ότι πολλοί αφρικανικοί πολιτισμοί είναι λιγότερο προηγμένοι από κάποιους στην Ανατολική Ευρώπη, ιδίως αν αναλογιστεί ότι οι λευκοί θεωρούνταν αδαείς, απολίτιστοι και υποδουλωμένοι για αιώνες κατά τη διάρκεια της Ρωμαϊκής Αυτοκρατορίας. Επιπλέον, τα αρχαιολογικά στοιχεία δείχνουν σαφώς ότι οι πιο προηγμένοι πολιτισμοί του παρελθόντος βρίσκονταν στην Ινδία, τη Βόρεια Αφρική, τη Νότια Αμερική και τη Μέση Ανατολή. Αυτοί οι πολιτισμοί ήταν από τους πρώτους που κατέγραψαν την επαφή και τη διασταύρωση με εξωγήινους στα θρησκευτικά τους κείμενα και ήταν επίσης πρωτοπόροι στη δημιουργία θρησκευτικών αφηγήσεων που βασίζονταν σε αυτές τις συναντήσεις.

Η ιδέα της φυλετικής ανωτερότητας δεν είναι μόνο λανθασμένη, αλλά και επικίνδυνη. Τροφοδοτεί το διχασμό, το μίσος και τη βία. Η διασύνδεση της ιστορίας μας και η διαφορετική προέλευση της γενετικής μας σύνθεσης τονίζουν την ενότητα της ανθρωπότητας. Για να προοδεύσουμε ως είδος, πρέπει να αγκαλιάσουμε το συλλογικό μας παρελθόν και να αγωνιστούμε για ένα μέλλον που θα καθοδηγείται από τη συμπόνια, την ενσυναίσθηση και την κατανόηση, αντί για το φόβο, τη διαίρεση και την άγνοια. Είναι αξιοσημείωτο ότι οι αρχαιότερες θρησκευτικές γραφές που ανακαλύφθηκαν ποτέ προέρχονται από το Ιράκ και την Ινδία. Αυτά τα γεγονότα είναι άφθονα και επαρκή για να απαξιώσουν την ιδέα ότι ένα άτομο με λευκό δέρμα είναι ανώτερο από εκείνα με διαφορετικό ή πιο σκούρο χρώμα δέρματος.

Δυστυχώς, πολλοί άνθρωποι στον κόσμο στερούνται ιστορικών γνώσεων και ξεγελιούνται εύκολα από την άγνοιά τους, πέφτοντας θύματα αβάσιμων θεωριών. Αυτή η άγνοια είναι ένας από τους κύριους λόγους για τους οποίους ο ρατσισμός επιμένει. Κανείς δεν είναι πιο εξελιγμένος από κάποιον άλλον απλώς και μόνο λόγω του χρώματος του δέρματός του και είναι ανόητο να πιστεύει κανείς ότι το χρώμα του δέρματος του προσδίδει ένα ιδιαίτερο καθεστώς. Η εξέλιξη δεν έχει καμία σχέση με τον ρατσισμό και η έννοια της μετενσάρκωσης υπονομεύει την αξία αυτών των συμπεριφορών. Στο πλαίσιο της μετενσάρκωσης, ένας ρατσιστής αντιπροσωπεύει τη χαμηλότερη πνευματική εκδήλωση, επειδή αγνοεί όχι μόνο το νόημα της ανθρώπινης ύπαρξης, αλλά και την πνευματική της ουσία.

Μη κατανοώντας την αθανασία της ψυχής, ο ρατσιστής καταδικάζει τον εαυτό του σε μια ζωή γεμάτη μίσος για τον εαυτό του και αναγκάζεται να μάθει μαθήματα χαμηλότερης πνευματικής φύσης και υψηλής φυσικής πυκνότητας. Μπορούμε να δούμε τις συνέπειες αυτών των πεποιθήσεων σε πολλούς ανθρώπους που έχουν χάσει τα πάντα και έχουν ταπεινωθεί από απροσδόκητες περιστάσεις. Πολλοί Αμερικανοί και Βρετανοί πολίτες, για παράδειγμα, έχουν βρεθεί να ζουν ως άστεγοι ζητιάνοι σε περιοχές που σήμερα θεωρούνται χώρες του Τρίτου Κόσμου, όπου κάποτε απολάμβαναν την εικόνα της πολιτισμικής υπεροχής.

Επιπλέον, είναι παράλογο να υποστηρίζεται ότι ορισμένοι άνθρωποι ανήκουν σε ορισμένα μέρη του κόσμου, ενώ άλλοι ανήκουν σε άλλες περιοχές. Το περιβάλλον μας διαμορφώνει τις εμπειρίες μας και συνδέοντας την ταυτότητά μας με ένα συγκεκριμένο μέρος -ιδιαίτερα με τον τόπο όπου γεννηθήκαμε- περιορίζουμε τις επιλογές μας. Κανείς δεν ανήκει πραγματικά σε έναν συγκεκριμένο τόπο με βάση τη μελάγχρωση ή την ιθαγένεια. Οι έννοιες αυτές είναι ανθρώπινες κατασκευές και σχετικά πρόσφατες εξελίξεις.

Στην αρχαιότητα, κατά τη διάρκεια της ρωμαϊκής, της ελληνικής και της κινεζικής εποχής, τα εδαφικά σύνορα ήταν γενικά ρευστά και δεν επιβάλλονταν τόσο αυστηρά όσο σήμερα. Τα ταξίδια εντός των αυτοκρατοριών ήταν γενικά απεριόριστα, αν και υπήρχαν σημεία ελέγχου και τελωνεία στα σύνορα. Τα ταξίδια ήταν συνηθισμένα, ιδίως για το εμπόριο, το προσκύνημα και τον πόλεμο. Μόνο μεταξύ του 15ου και του 17ου αιώνα, με την εμφάνιση των εθνικών κρατών στην Ευρώπη, τα σύνορα άρχισαν να ορίζονται πιο επίσημα.

Η Συνθήκη της Βεστφαλίας το 1648 αναφέρεται συχνά ως σημείο καμπής, καθώς καθιέρωσε την έννοια των κυρίαρχων κρατών με καθορισμένα εδάφη. Ωστόσο, τα ταξίδια εντός και μεταξύ αυτών των κρατών παρέμειναν σχετικά απεριόριστα μέχρι τον 18ο και 19ο αιώνα, όταν εισήχθη το σύστημα διαβατηρίων για τον έλεγχο και την παρακολούθηση των μετακινήσεων, ιδίως σε περιόδους συγκρούσεων. Το σύγχρονο σύστημα διαβατηρίων, που χαρακτηρίζεται από τυποποιημένους τύπους και διεθνή αναγνώριση, προέκυψε μετά τον Δεύτερο Παγκόσμιο Πόλεμο με στόχο την ελαχιστοποίηση των κινδύνων εισβολής και πολέμου. Η παγκοσμιοποίηση και η άνοδος της διεθνούς τρομοκρατίας οδήγησαν σε ακόμη αυστηρότερους ελέγχους της διασυνοριακής μετακίνησης των ανθρώπων, συμπεριλαμβανομένης της εισαγωγής βιομετρικών στοιχείων, ηλεκτρονικών διαβατηρίων και προηγμένων τεχνολογιών ελέγχου των συνόρων.

Κεφάλαιο 7: Ο μύθος των εθνικών συνόρων

Σήμερα, πολλοί άνθρωποι ζουν σαν ζώα σε φάρμα, χωρίς να δείχνουν καμία επιθυμία να εγκαταλείψουν τη χώρα στην οποία γεννήθηκαν. Σύμφωνα με τον Παγκόσμιο Οργανισμό Τουρισμού των Ηνωμένων Εθνών, το 2022 μόνο 900 εκατομμύρια άνθρωποι ταξίδεψαν μεταξύ διαφορετικών εθνών, οι περισσότεροι από αυτούς σε κοντινά σύνορα. Ένα σημαντικό ποσοστό αυτών των αφίξεων πραγματοποιήθηκε εντός των περιφερειακών μπλοκ. Αυτό σημαίνει ότι η συντριπτική πλειοψηφία του παγκόσμιου πληθυσμού - περισσότεροι από 7,5 δισεκατομμύρια άνθρωποι - δεν θα γνωρίσουν ποτέ πραγματικά τον πλανήτη στον οποίο ζουν.

Αυτό αντιπροσωπεύει έναν σημαντικό αριθμό ατόμων που ζουν σαν ζώα παγιδευμένα μεταξύ συνόρων και παρόλα αυτά τολμούν να ισχυρίζονται ότι δεν υπάρχει ζωή σε άλλους πλανήτες, επιδεικνύοντας ένα βαθύ επίπεδο άγνοιας. Τι τρομερή σπατάλη γνωστικών πόρων αντιπροσωπεύουν αυτά τα άτομα και τι χαμένη ζωή ζουν, καθώς παραμένουν αγνοούν τα πολύτιμα μαθήματα που θα μπορούσαν να πάρουν απλώς αλληλεπιδρώντας με ανθρώπους από άλλους πολιτισμούς και παρατηρώντας πώς ζουν οι άλλοι. Αυτή η εγωκεντρική θεώρηση της ζωής είναι η ρίζα ενός μεγάλου μέρους της βλακείας, του ρατσισμού και των διακρίσεων στον κόσμο.

Αυτοί οι άνθρωποι είναι ανίκανοι να κατανοήσουν τι σημαίνει να αλληλεπιδράς με όντα από άλλους πλανήτες και γαλαξίες, επειδή απέχουν τόσο πολύ από αυτή την κατανόηση όσο και από το τι σημαίνει να είσαι άνθρωπος σε αυτόν τον πλανήτη. Ακόμη χειρότερα, πολλοί από αυτούς τους ανθρώπους δεν διαβάζουν καν, πιστεύοντας ότι τα βιβλία είναι πολύ ακριβά. Είναι η βλακεία πραγματικά φτηνή; Μεγάλο μέρος της δυστυχίας του κόσμου είναι το τίμημα που πληρώνεται για την άγνοια. Τα φτωχότερα έθνη έχουν γενικά τους λιγότερο μορφωμένους πληθυσμούς.

Πληρώνουμε την ηλιθιότητα τόσο σε ατομικό όσο και σε συλλογικό επίπεδο, γι' αυτό και ένας ηλίθιος πληθυσμός καταλήγει συχνά σε ηλίθιους ηγέτες, οι οποίοι εκτιμούν την εκπαίδευση τόσο λίγο όσο και ο πληθυσμός αναγνωρίζει την ανάγκη βελτίωσής του. Η φτώχεια αποκαλύπτει πάντα ομοιότητες μεταξύ διαφορετικών φτωχών εθνών. Υπό αυτή την έννοια, μπορούμε να πούμε ότι η γνώση είναι πολύ πιο πολύτιμη από την άγνοια. Ο ευκολότερος τρόπος απόκτησής της είναι μέσω της πολιτισμικής αλληλεπίδρασης.

Εδώ και χιλιάδες χρόνια, οι άνθρωποι μεταναστεύουν μεταξύ των ηπείρων σε αναζήτηση μιας καλύτερης ζωής. Πρόσφατα, ωστόσο, πολλοί έχασαν το ενδιαφέρον και την κατανόηση της τεράστιας αξίας του να είσαι νομάδας, μια προοπτική που ανακαλύφθηκε εκ νέου από εκείνους που επιδιώκουν να βελτιώσουν τη ζωή τους μέσω της εξ αποστάσεως εργασίας. Σε αυτό το πλαίσιο, κανείς δεν έχει το δικαίωμα να έρθει σε άμεση επαφή με εξωγήινους ή να θεωρηθεί Αστροσπόρος λόγω του χρώματος του δέρματός του- αυτό που έχει σημασία είναι η φύση του χαρακτήρα ενός ατόμου. Η σοφία των εξωγήινων δεν συσχετίζεται με τις περιορισμένες και συχνά ρατσιστικές προοπτικές ορισμένων ανθρώπων στη Γη.

Για παράδειγμα, οι Πλειάδιοι συχνά συγκρίνονται με τους αγγέλους των Γνωστικών λόγω των ομοιοτήτων τους με τους αγγέλους που περιγράφονται στα ιερά κείμενα. Αναφέρονται συχνά σε αναφερόμενες συναντήσεις στη Μέση Ανατολή και τη Βόρεια Αμερική, αλλά όχι τόσο πολύ στη Σουηδία ή τη Γερμανία. Θα μπορούσαμε να ισχυριστούμε ότι οι άνθρωποι στη Μέση Ανατολή επικοινωνούσαν με αγγέλους με λευκή επιδερμίδα, αλλά αυτό θα εξακολουθούσε να υποστηρίζει το επιχείρημά μου. Επιπλέον, σύμφωνα με τον Billy Meier, ένας από τους ανθρώπους που επικοινώνησε μαζί του, ονόματι Alena, μια γυναίκα της Πλειάδειου Ομοσπονδίας από τον αστερισμό της Λύρας, είχε «ανοιχτό καφέ» δέρμα. Ο Meier σημείωσε ότι έμοιαζε με ανθρώπους από χώρες γύρω από τη Μεσόγειο και είχε ύψος 148 εκατοστά (Στο Meiersaken.info). Η Alena θα μπορούσε εύκολα να μπερδευτεί με μια συνηθισμένη γυναίκα από τη Μέση Ανατολή ή τη Λατινική Αμερική.

Ένα άλλο ον που συνάντησε ο Meier ονομάζεται Menara, από έναν πλανήτη του συστήματος Vega. Την περιγράφει ως «όμορφη γυναίκα» με «πολύ σκούρο δέρμα» και «πολύ βαθύ καστανό χρώμα», καθώς και μαύρα μάτια. Πρόσθεσε ότι έχει «νέγροειδή χαρακτηριστικά, όπως οι Χοτεντότ στην Αφρική» (Στο Meiersaken.info).

Αν και αμφιλεγόμενη, η υπόθεση Billy Meier περιλαμβάνεται σε αυτή τη συζήτηση επειδή διερευνήθηκε από τον αντισυνταγματάρχη

Wendelle Stevens και άλλους ερευνητές επί πέντε χρόνια. Ήταν πεπεισμένοι ότι οι αποδείξεις για τέτοιου είδους επαφές ήταν συντριπτικές. Οι αναφορές τους επιβεβαιώνουν επίσης αυτό που γνωρίζω προσωπικά για το θέμα: οι αποχρώσεις του δέρματος των Πλειάδιων, καθώς και πολλών άλλων εξωγήινων, μπορεί να ποικίλλουν σε μεγάλο βαθμό, ανάλογα με παράγοντες όπως η εγγύτητα του ήλιου ή των ήλιων τους και οι φυλές με τις οποίες έχουν διασταυρωθεί.

Δεν υπάρχει όριο στην ποικιλία των αποχρώσεων του δέρματος, και πιστεύω ότι πολλές εξωγήινες φυλές, όπως δείχνουν διάφορες αναφορές, ενδιαφέρονται περισσότερο για την ποικιλομορφία παρά για την ομοιογένεια. Δεν υπάρχει επίσης καμία συσχέτιση μεταξύ της πνευματικότητας και του χρώματος του δέρματος ή της εμφάνισης. Είναι παράλογο να υποστηρίζεται ότι ορισμένες φυλές είναι πιο εξελιγμένες από άλλες λόγω του χρώματος του δέρματος ή των ανατομικών χαρακτηριστικών τους. Για παράδειγμα, τα εντομοειδή ανθρωποειδή συγκαταλέγονται μεταξύ των πιο εξελιγμένων εξωγήινων ειδών, παρόλο που τα έντομα συχνά θεωρούνται κατώτερες και μη ελκυστικές μορφές ζωής στη Γη.

Κεφάλαιο 8: Ξεκαθαρίζοντας την αλήθεια από τη φαντασία

Ο ρισμένα άτομα στη Γη, καθοδηγούμενα από προσωπικά συμφέροντα και προκαταλήψεις, προσπαθούν να καπηλευτούν το θέμα της εξωγήινης ζωής, εκμεταλλευόμενα την άγνοια πολλών για να χειραγωγήσουν την κοινή γνώμη. Η χειραγώγηση αυτή γίνεται μέσω βιβλίων, ταινιών και θρησκειών, όπως αυτή των Ραελιανών. Το κίνημα αυτό είναι μια συλλογή από ψέματα, διαστρεβλώσεις και αυταπάτες του ιδρυτή του, αλλά προσελκύει οπαδούς με τους παραλογισμούς του, εξυπηρετώντας τις διαστροφές πολλών ανθρώπων σε αυτόν τον πλανήτη.

Παρόλο που ο Claude Maurice Marcel Vorilhon, γνωστός ως Rael, εφιστά την προσοχή του κοινού σε ένα σημαντικό θέμα, άθελά του κάνει όποιον άλλον μιλάει αληθινά για το ίδιο θέμα να φαίνεται ανόητος. Αν και ο Ραελισμός έχει ελάχιστη σχέση με τον εξωγήινο πολιτισμό, επηρεάζεται σε μεγάλο βαθμό από τη γαλλική κουλτούρα, με την έμφαση που δίνει στα όργια, τα πάρτι, τη δημόσια ακολασία και την οικειοποίηση φιλοσοφιών που έχουν δημιουργήσει άλλοι. Αυτό, μαζί με κινήματα όπως η Heaven's Gate - που κατέληξε στη συλλογική αυτοκτονία 39 μελών - και η Σαηεντολογία, που χαρακτηρίζεται από ιστορίες ψυχολογικής και σωματικής κακοποίησης, συμβάλλει στην αντίληψη ότι οι πιστοί στην εξωγήινη ζωή δεν θεωρούνται λογικοί από την κοινωνία γενικά.

Ένας άλλος παράγοντας που συμβάλλει είναι το γεγονός ότι οι κυβερνήσεις σε όλο τον κόσμο αρνούνται να δημοσιοποιήσουν όλα όσα γνωρίζουν για την εξωγήινη ζωή από φόβο μαζικού πανικού, χάους και αντιδράσεων από διάφορες θρησκευτικές ομάδες. Εν τω μεταξύ, οι κυβερνήσεις αυτές είναι πολύ πρόθυμες να αναπτύξουν όπλα ικανά να καταρρίψουν UFO προκειμένου να καταλάβουν την τεχνολογία και τα γονίδια των ανακτημένων εξωγήινων σωμάτων.

Η χειραγώγηση του εξωγήινου ζητήματος από εκείνους που έχουν προσωπικές ατζέντες χρησιμεύει για να αποσπάσει την προσοχή από την πραγματική εξερεύνηση της κοσμικής μας κληρονομιάς, της ενότητάς μας ως λαού και των δυνατοτήτων για την ανθρώπινη εξέλιξη μέσω αυτής της αίσθησης της ενότητας. Απορρίπτοντας την έννοια της φυλετικής ανωτερότητας και αποκαλύπτοντας τις τακτικές χειραγώγησης που χρησιμοποιούνται για τον έλεγχο της κοινής γνώμης, είναι δυνατόν να προωθηθεί μια πιο περιεκτική κατανόηση της θέσης μας στο σύμπαν. Η ποικιλομορφία της ανθρώπινης εμπειρίας και ο πλούτος της γενετικής μας σύνθεσης θα πρέπει να γιορτάζονται και όχι να αξιοποιούνται ως εργαλεία διαίρεσης και καταπίεσης.

Η αλήθεια σχετικά με την εξωγήινη παρέμβαση και τη διασύνδεσή μας με άλλα όντα στο σύμπαν μπορεί να μας οδηγήσει σε ένα μέλλον όπου η συμπόνια, η ενσυναίσθηση και η κατανόηση θα καθοδηγούν τις αλληλεπιδράσεις μας, αντί του φόβου, του δόγματος και της άγνοιας. Για να κατανοήσουμε το ζήτημα της ύπαρξης των εξωγήινων από πνευματική σκοπιά, είναι απαραίτητο να αναγνωρίσουμε ότι η ηθική, η ποικιλομορφία και η ολοκλήρωση είναι έννοιες αλληλένδετες. Αυτό που κάνει τους Αστεροσπόρους μοναδικούς σε σχέση με τους άλλους ανθρώπους σε αυτόν τον πλανήτη είναι η ικανότητά τους να ενώνουν τα χαρακτηριστικά των γήινων με μια πιο εξελιγμένη άποψη για τη ζωή.

Η προοπτική αυτή περιλαμβάνει διάφορες θεμελιώδεις αρχές: την αποδοχή όλων των φυλών στη Γη ως μέλη της ίδιας οικογένειας, ανεξάρτητα από το χρώμα ή την καταγωγή τους, τη θεώρηση του πλανήτη ως ενιαίας οντότητας, χωρίς σύνορα, διαβατήρια ή φράχτες, και την αναγνώριση ότι όλα τα πνεύματα βρίσκονται στο ίδιο εξελικτικό μονοπάτι, ακόμη και αν πολλοί δεν είναι ακόμη έτοιμοι να το αποδεχτούν. Αυτό το μονοπάτι περιλαμβάνει τη δημιουργικότητα, τη συμπόνια και την ανεκτικότητα.

Καθώς ένα πνεύμα εξελίσσεται ώστε να κατανοήσει αυτές τις αρχές, επιθυμεί φυσικά περισσότερη ελευθερία. Αυτός είναι ο λόγος για τον οποίο η ελευθερία της έκφρασης, η ελευθερία της κίνησης και η ελευθερία της σκέψης είναι τόσο σημαντικές. Δυστυχώς, οι περισσότεροι άνθρωποι δεν κατανοούν το νόημα αυτών των ελευθεριών, επειδή δεν έχουν εξελιχθεί αρκετά ώστε να εκτιμήσουν τη σημασία τους. Για πολλούς, η έννοια της ελευθερίας είναι ξένη- το μόνο που επιδιώκουν είναι να αποκτήσουν περισσότερα αγαθά που παρέχουν άνεση και ευχαρίστηση.

Καθώς οι περισσότεροι άνθρωποι δεν έχουν εξελιχθεί επαρκώς, τους λείπει γενικά η περιέργεια και η συμπόνια για την αλήθεια. Συχνά, μπορεί ακόμη και να αισθάνονται προσβεβλημένοι από αυτήν. Καμία εξήγηση δεν μπορεί να φωτίσει επαρκώς τις πραγματικότητες μιας ανώτερης φύσης για εκείνους των οποίων τα πνεύματα έχουν κολλήσει σε χαμηλότερες δονητικές καταστάσεις. Αν και η Γη εξακολουθεί να φιλοξενεί την ύπαρξή τους, καθώς ο πλανήτης εξελίσσεται, αυτές οι ψυχές ίσως χρειαστεί να διαχωριστούν σε άλλα πεδία, εξ ου και η έννοια της κόλασης.

Η κόλαση μπορεί να γίνει κατανοητή ως μια μεταφορά για κόσμους υψηλότερης πυκνότητας που χαρακτηρίζονται από περισσότερη βία, απάτη και πόνο από ό,τι ο γήινος κόσμος. Υπό αυτή την έννοια, θα μπορούσαμε να συγκρίνουμε την κόλαση με τη μετάβαση σε μια πραγματικότητα στην οποία η ζωή είναι σημαντικά πιο απαιτητική. Αυτή η έννοια δεν είναι δύσκολο να γίνει κατανοητή όταν εξετάζουμε τις συνθήκες σε μέρη όπως οι Φιλιππίνες, όπου πολλοί άνθρωποι ζουν σε απόλυτη εξαθλίωση. Ένα διαφορετικό είδος κόλασης βιώνουν όσοι χάνουν ό,τι τους ανήκει και αντιμετωπίζουν την πείνα και την έλλειψη στέγης σε αυτά τα έθνη. Ωστόσο, παρά τη δυνατότητα να βρεθούν στις πιο άθλιες καταστάσεις, οι περισσότεροι άνθρωποι σπάνια σκέφτονται αυτή την πραγματικότητα. Δεν προετοιμάζονται, ούτε πνευματικά ούτε διανοητικά. Δεν διαβάζουν, δεν μαθαίνουν και δεν ωριμάζουν.

Κεφάλαιο 9: Το μονοπάτι προς τη διαφώτιση

Τα άτομα που εξελίσσονται λιγότερο είναι συνήθως εκείνα που θέτουν τις πιο λανθασμένες ερωτήσεις, κάνουν λανθασμένες υποθέσεις για τη ζωή και προσπαθούν να εμποδίσουν την εξέλιξη των άλλων. Πολλά από αυτά τα άτομα, που συνήθως βρίσκονται σε διάφορες θρησκευτικές ομάδες, με έχουν ρωτήσει γιατί δεν «ριζώνω κάπου», υποθέτοντας ότι είναι πιο εξελιγμένοι από μένα επειδή ζουν σαν δέντρο, επαναλαμβάνοντας τις ίδιες συνήθειες για δεκαετίες μέχρι να πεθάνουν. Νομίζουν ότι είναι πιο εξελιγμένοι επειδή είναι προσκολλημένοι σε ένα κομμάτι γης, καθημερινές ρουτίνες και δουλειές, αγνοώντας εντελώς το γεγονός ότι ένας νομάδας μπορεί να μάθει περισσότερα σε μια εβδομάδα παρά σε μια ολόκληρη ζωή.

Πολλοί αναρωτιούνται πώς ξέρω περισσότερα από αυτούς, και η απάντηση είναι προφανής: επειδή έχω χρόνο να διαβάζω, ενώ εκείνοι όχι- επειδή εκτιμώ τον χρόνο, ενώ εκείνοι όχι- και επειδή είμαι περίεργος, ενώ εκείνοι είναι αλαζόνες. Θα μπορούσα να συνεχίσω με τις εξηγήσεις μου, αλλά καμία από αυτές δεν θα γινόταν αποδεκτή από εκείνους που θεωρούν τους εαυτούς τους απρόσβλητους από κάθε κρίση. Οι περισσότεροι άνθρωποι απλώς δεν έχουν τις αξίες που είναι απαραίτητες για την εξέλιξη, πιστεύοντας λανθασμένα ότι είναι ανώτεροι από τους άλλους χωρίς σοβαρό λόγο. Έχω γνωρίσει πολλά από αυτά τα άτομα στον Τεκτονισμό και τον Ροδόσταυρο- είναι μερικοί από τους πιο γελοίους ανθρώπους που έχω συναντήσει ποτέ. Όταν συζητούν για εξωγήινους πολιτισμούς, είναι σαφές ότι δεν έχουν καμία κατανόηση του θέματος. Είναι πολύ μακριά από την κατανόηση θεμάτων που απαιτούν μια μεταφυσική προσέγγιση της ζωής.

Αν κάποιος δεν καταλαβαίνει γιατί κάποιος από αυτόν τον πλανήτη θα ήταν περίεργος να επισκεφθεί άλλα έθνη, σίγουρα δεν θα καταλάβαινε γιατί κάποιος θα ταξίδευε στους γαλαξίες για τον ίδιο σκοπό. Προκειμένου να εξελιχθούμε πνευματικά, πρέπει να προσπαθήσουμε να είμαστε νομάδες, περίεργοι ταξιδιώτες, όχι μόνο ως μέσο για να μετακινούμαστε άσκοπα στον πλανήτη ή να κολυμπάμε σε διάφορες παραλίες, αλλά ως θεμελιώδης κατάσταση ύπαρξης. Αυτή η νοοτροπία ευθυγραμμίζεται με την ανάγκη να αναζητάς καλύτερες ευκαιρίες για αυθεντική αυτοέκφραση, να μαθαίνεις περισσότερα για τη φύση σου και, κυρίως, να απορρίπτεις περιβάλλοντα που δεν σε εκτιμούν ως άτομο.

Γιατί να αγωνίζεστε σε ένα μέρος όταν μπορείτε να ζήσετε τον παράδεισο σε ένα άλλο; Ο παράδεισος δεν είναι κάτι που σας συμβαίνει, αλλά κάτι που εσείς δημιουργείτε. Η κατανόηση του τι σημαίνει να ζεις στη Γη είναι απαραίτητη πριν εξερευνήσεις άλλους πλανήτες, αλλά πολλοί άνθρωποι δεν αντιλαμβάνονται ποτέ αυτή την έννοια, συνήθως λόγω έλλειψης πνευματικής εξέλιξης. Αυτά τα άτομα, που λειτουργούν σε χαμηλότερη δονητική συχνότητα, μπορεί να συμβουλεύουν τους άλλους να εγκατασταθούν και να ριζώσουν, πιστεύοντας λανθασμένα ότι η περιορισμένη προοπτική τους ισοδυναμεί με σοφία.

Καθώς η νοοτροπία της ευκαιρίας είναι ιδιαίτερα διαδεδομένη μεταξύ εκείνων που αναζητούν πλούτο και επιχειρηματικές ευκαιρίες, ο όρος «ευκαιρία» συνδέεται συχνά με οικονομικές επιδιώξεις, αντανακλώντας την εμμονή της κοινωνίας με το χρήμα και την αυτοσυντήρηση. Ωστόσο, το πραγματικό πεδίο εφαρμογής αυτής της έννοιας είναι πολύ ευρύτερο. Η ευκαιρία περιλαμβάνει επίσης την ανακάλυψη και την εκτίμηση νέων πολιτισμών, τη μελέτη των διαφορών μας ως παγκόσμιο είδος και την κατανόηση των αξιών που ενυπάρχουν στην ποικιλομορφία και τα έθιμά μας. Μας καλεί να εξερευνήσουμε την ομορφιά του πλανήτη μας.

Τουλάχιστον, θα πρέπει να αναγνωρίσουμε την αξία του να δοκιμάζουμε διαφορετικά φρούτα, να βλέπουμε την ποικιλία των χρωμάτων στον ουρανό και να παρατηρούμε τις μυριάδες εκφράσεις της ζωής σε διαφορετικούς πολιτισμούς. Θα πρέπει να προσπαθήσουμε να εκπλαγούμε απλώς από το γεγονός ότι είμαστε ζωντανοί, κάτι που είναι εφικτό όταν βρίσκουμε όμορφα μέρη και καλλιεργούμε μια γνήσια αγάπη για την ύπαρξη, χωρίς προσδοκίες. Η έκπληξη και η άνεση δεν συνυπάρχουν: είναι αδύνατο να εκπλαγείς από κάτι που ήδη γνωρίζεις. Για να νιώσεις θαυμασμό, έκπληξη, ίντριγκα και περιέργεια, πρέπει να τολμήσεις να μπεις στο άγνωστο. Πολλοί άνθρωποι φοβούνται αυτή την εξερεύνηση, επειδή έχουν την τάση να αποφεύγουν καταστάσεις που δεν ελέγχονται από αυτούς. Έχω παρατηρήσει συχνά ότι οι άνθρωποι χρειάζονται έναν λόγο για να πάρουν αποφάσεις, πιστεύοντας ότι μπορούν πάντα να ελέγχουν το αποτέλεσμα. Αυτή η στάση είναι παράλογη και εμποδίζει την πνευματική ανάπτυξη.

Ένα πραγματικά πνευματικό ον δεν προσπαθεί να ελέγξει τα αποτελέσματα, αλλά δέχεται τις εκπλήξεις και εξελίσσεται μέσα από τις προκλήσεις που αντιμετωπίζει. Ωστόσο, είναι συναρπαστικό να παρατηρεί κανείς πόσο πολλοί άνθρωποι επιδεικνύουν αλαζονεία και άγνοια επιβάλλοντας τις λανθασμένες αξίες τους στους άλλους, οι οποίες είναι αντίθετες με τη φύση της πνευματικής εξέλιξης. Πολλοί ανήκουν σε θρησκευτικές ομάδες και χρησιμοποιούν τη θρησκευτική τους εξουσία για να πείσουν τους άλλους, θυμώνοντας όταν αποτυγχάνουν, όπως έχω δει πολλές φορές. Η συμπεριφορά τους είναι γελοία και υπονομεύει τις ίδιες τις αρχές που ισχυρίζονται ότι υπερασπίζονται. Μασόνοι, Ροδόσταυροι, Βουδιστές, Ινδουιστές - υπάρχουν αμέτρητες θρησκείες, συμπεριλαμβανομένης της Σαηεντολογίας -: όλες αυτές οι ομάδες αποτελούνται από άτομα που κατανοούν ελάχιστα από αυτά που ισχυρίζονται ότι μελετούν.

Κεφάλαιο 10: Ενίσχυση της ανεξάρτητης σκέψης

Μπορείτε να μάθετε περισσότερα από οποιαδήποτε θρησκεία διαβάζοντας τα κείμενά της ανεξάρτητα, χωρίς να αναζητάτε εξωτερική καθοδήγηση. Η πνευματική σας εξέλιξη εξαρτάται από την ικανότητά σας να διατυπώνετε τις δικές σας σκέψεις με βάση τις υποθέσεις άλλων ανθρώπων και να βγάζετε συμπεράσματα που συνάδουν με τους στόχους της ζωής σας. Δεν χρειάζεται να αποδέχεστε δόγματα ή απολυτότητες σε οποιοδήποτε πεδίο της γνώσης- αντίθετα, χρησιμοποιήστε ό,τι είναι χρήσιμο, απορρίψτε ό,τι δεν είναι και αναπτύξτε τα δικά σας συμπεράσματα μέσω της πρακτικής και της εφαρμογής όσων έχετε μάθει.

Αυτή η προσέγγιση ανοίγει τις πόρτες του νου σας στην πνευματική εξέλιξη, ανεξάρτητα από το πόσο περιοριστική ή προκλητική μπορεί να φαίνεται η ζωή σας. Στην πραγματικότητα, είναι πιο πιθανό να μεταμορφώσετε τη ζωή σας κοιτάζοντας προς τα μέσα παρά προς τα έξω. Η σοφία βρίσκεται συχνά στην καλλιέργεια της ψυχής μέσω του διαλογισμού και της ενατένισης της φύσης - του ουρανού, των πουλιών, των δέντρων και του ωκεανού - καθώς και στην καλλιέργεια του νου μέσω της εκτεταμένης ανάγνωσης. Αν και η μεγαλύτερη ποικιλία γνώσεων μπορεί να οδηγήσει σε σύγχυση, υπάρχει μια απελευθερωτική πτυχή της που οι οπαδοί του θρησκευτικού δόγματος συχνά δεν συνειδητοποιούν: η ελευθερία να σκέφτεται κανείς ανεξάρτητα και να ασκεί κριτική σκέψη.

Πρέπει να δεχτείτε τη σύγχυση για να μάθετε να σκέφτεστε καθαρά. Σκεφτείτε ότι πριν γίνει το δεύτερο πλουσιότερο έθνος στον κόσμο, η Κίνα απαιτούσε από τους φοιτητές να σπουδάζουν στο εξωτερικό για τουλάχιστον ένα χρόνο. Ταξίδευαν στην Αφρική, τη Νότια Αμερική, την Ευρώπη, τη Βόρεια Αμερική και αλλού. Αυτές οι εμπειρίες τους εμπλούτισαν με αμέτρητους τρόπους. Φέρνοντας πίσω έναν πλούτο εμπειριών και γνώσεων, η Κίνα απορρόφησε ό,τι καλύτερο είχε να προσφέρει κάθε χώρα. Η ταχεία ανάπτυξη της κινεζικής ευημερίας δεν είναι αποτέλεσμα του ότι είναι Κινέζοι, αλλά της αφομοίωσης των καλύτερων πρακτικών από όλο τον κόσμο. Κάθε χώρα ή άτομο που υιοθετεί αυτή την προσέγγιση θα σημειώσει αναμφίβολα ραγδαία πρόοδο, ξεπερνώντας εκείνους που προσπαθούν αλαζονικά να «μαντέψουν» το δρόμο τους προς την επιτυχία.

Αυτό θα έπρεπε να είναι προφανές, αλλά δεν είναι. Ως αποτέλεσμα, πολλοί άνθρωποι παραμένουν κολλημένοι σε ξεπερασμένους τρόπους σκέψης, όπως φαίνεται σε ορισμένους ευρωπαϊκούς πληθυσμούς. Εκείνοι που αναγνωρίζουν και εκμεταλλεύονται τις ευκαιρίες αυτής της ιστορικής στιγμής θα προχωρούν πάντα μπροστά. Μερικές φορές το μόνο που χρειάζεται για να αλλάξετε τη ζωή σας είναι να κάνετε τις σωστές ερωτήσεις σε κάποιον που έχει τις απαντήσεις. Ωστόσο, με εξαίρεση τους Κινέζους μαθητές μου, σπάνια έχω συναντήσει ανθρώπους που κάνουν ερωτήσεις που μπορούν να αλλάξουν τη ζωή τους. Αντιθέτως, οι άνθρωποι συχνά ρωτούν για τη ζωή μου επειδή πιστεύουν ότι έχουν τις λύσεις στα προβλήματά τους και στη συνέχεια συνεχίζουν να μου λένε πώς να ζήσω, σαν να ξέρουν περισσότερα για μένα από εμένα. Αυτή η συμπεριφορά είναι γελοία και αξιολύπητη.

Κατά την εμπειρία μου, οι Ευρωπαίοι ταιριάζουν γενικά σε αυτό το προφίλ. Θεωρούν ότι υποφέρουν οικονομικά, αλλά εγώ διαφωνώ. Συνεχίζουν να επωφελούνται από τα κληροδοτήματα της αποικιοκρατίας, επειδή δεν έχουν πολλά να προσφέρουν στον κόσμο πέρα από τον δικό τους φανατισμό. Χωρίς τους πόρους και τις γνώσεις που οικειοποιήθηκαν από τα έθνη που τώρα θεωρούν κατώτερα, η Ευρώπη δεν θα είχε καμία γνώση, πολιτισμό ή οτιδήποτε άλλο. Πολλά από τα πράγματα που θεωρούνται ευρωπαϊκός πολιτισμός, από την τέχνη μέχρι την κουζίνα, ιδιοποιήθηκαν από γειτονικά έθνη, ιδίως από τη Μέση Ανατολή και τη Βόρεια Αφρική. Αυτό που αποκαλούμε γαλλικό, ελληνικό, ιταλικό, ισπανικό και πορτογαλικό πολιτισμό είναι στην πραγματικότητα μεσογειακός πολιτισμός εμπλουτισμένος με τη γνώση των αραβικών πολιτισμών, τους οποίους συχνά απορρίπτουν και κάνουν φυλετικές διακρίσεις.

Η αφύπνιση των πνευματικών μας αισθήσεων είναι συνυφασμένη με την ανάπτυξη του νου και του πολιτισμού μας, ανεξάρτητα από το πολιτισμικό πλαίσιο στο οποίο μεγαλώσαμε. Αν και δεν μπορούμε να επιλέξουμε τον πολιτισμό στον οποίο γεννιόμαστε, μπορούμε και πρέπει να καλλιεργήσουμε τον δικό μας. Δεν χρειάζεται να έχετε γεννηθεί στην Ιαπωνία για να μάθετε πώς να μαγειρεύετε ιαπωνικό φαγητό, όπως δεν χρειάζεται να είστε Έλληνας για να μελετήσετε την ελληνική φιλοσοφία. Πολλοί άνθρωποι δεν το συνειδητοποιούν αυτό όταν μαθαίνουν μια νέα γλώσσα, πιστεύοντας λανθασμένα ότι ο απώτερος στόχος είναι η εκμάθηση της γλώσσας.

Όταν έζησα στην Κίνα, συνάντησα πολλούς Βρετανούς που μιλούσαν άπταιστα κινέζικα, αλλά δεν είχαν Κινέζους φίλους, προτιμώντας να συναναστρέφονται με Αμερικανούς. Ποια είναι η αξία της χρήσης της γλώσσας ως εργαλείου για την επαγγελματική επικύρωση και όχι για την προσωπική ανάπτυξη; Όσο περισσότερο παρατηρείτε και αφομοιώνετε, τόσο περισσότερα μαθαίνετε για τον εαυτό σας και τους άλλους. Η έκθεση σε άλλους πολιτισμούς μου επέτρεψε να επανεκτιμήσω τις δικές μου αξίες και σταδιακά να μάθω να συγχωρώ τον εαυτό μου που γεννήθηκα σε ένα έθνος που συχνά φαίνεται αδαής και σε μια ήπειρο που μπορεί να φαίνεται στάσιμη.

Δεν μπορούμε να είμαστε υπερήφανοι που είμαστε άνθρωποι, επειδή φαίνεται επιφανειακό, αλλά μπορούμε να είμαστε υπερήφανοι για όσα έχουμε μάθει. Πολλοί το ξεχνούν αυτό όταν υποθέτουν ότι υπάρχει ένας διαγωνισμός για το ποιος ταξιδεύει περισσότερο ή ξοδεύει τα περισσότερα χρήματα. Ο μόνος άνθρωπος με τον οποίο πρέπει να ανταγωνίζεστε είναι ο εαυτός σας. Μην μειώνετε το δικό σας ταξίδι συγκρίνοντας το με αυτό άλλων ανθρώπων. Αυτές οι συγκρίσεις δεν πρέπει καν να μπαίνουν στο μυαλό σας, αν θέλετε να ανεβείτε σε υψηλότερες σφαίρες.

Κεφάλαιο 11: Αποδοχή της παγκόσμιας ιθαγένειας

Κ αθώς συνεχίζετε να ταξιδεύετε και να απορροφάτε στοιχεία διαφορετικών πολιτισμών, έρχεται μια στιγμή που συνειδητοποιείτε ότι δεν είστε πλέον πολίτης μιας χώρας, αλλά πολίτης του κόσμου. Δεν θέλετε πλέον να μένετε σε ένα μέρος- αντίθετα, λαχταράτε την ελευθερία να εξερευνήσετε τον κόσμο. Πολλοί άνθρωποι δυσκολεύονται να κατανοήσουν αυτή τη νέα κατάσταση, επειδή δεν μπορούν να τη φανταστούν ή να την καταλάβουν. Ωστόσο, όταν αρχίζετε να βλέπετε τη ζωή από αυτή την οπτική γωνία, τα προσωπικά σας προβλήματα φαίνονται υπό διαφορετικό πρίσμα. Αυτή η φυσική αποστασιοποίηση προάγει μια φυσική κατάσταση μεταγνώσης, η οποία σας επιτρέπει να επανεξετάσετε την ύπαρξή σας και να αφήσετε πίσω σας αξίες που κάποτε σας φαίνονταν ύψιστης σημασίας. Στην πραγματικότητα, είναι αδύνατο να παραμείνετε προσκολλημένοι σε οτιδήποτε, αν θέλετε να προοδεύετε όλο και περισσότερο.

Από την άλλη πλευρά, ο κόσμος συνεχίζει να εφαρμόζει μηχανισμούς που σας κρατούν αγκυροβολημένους σε ένα μόνο μέρος, όπως η απαίτηση μιας φυσικής διεύθυνσης ή ενός μόνο τηλεφωνικού αριθμού. Ο κόσμος έχει σχεδιαστεί για να εμποδίζει την κίνηση, πράγμα που αποτελεί μια πραγματική τραγωδία που πολλοί άνθρωποι δεν αναγνωρίζουν. Πριν από λίγο καιρό, κατά τη διάρκεια της πανδημίας του κοροναϊού, οι άνθρωποι περιορίστηκαν στα σπίτια τους, αλλά πολλοί βρήκαν άνεση σε αυτή την κατάσταση και δεν είδαν τίποτα κακό σε αυτήν. Αυτή η στάση αντανακλά ένα ανησυχητικό επίπεδο άγνοιας. Είναι αδύνατο να συζητήσουμε για την πνευματική άνοδο με άτομα που προτιμούν να περνούν τις μέρες τους στο κρεβάτι, βλέποντας τηλεόραση, χωρίς να κάνουν τίποτα. Αυτοί οι άνθρωποι δεν αναγνωρίζουν την αξία της πνευματικής εξέλιξης και πιθανότατα θα επιστρέψουν στη Γη για να αντιμετωπίσουν παρόμοιες προκλήσεις, ίσως με ακόμη πιο δραστικούς τρόπους. Θα αποτύχουν ξανά και θα πληρώσουν υψηλότερο τίμημα για τα μαθήματα που αρνούνται να πάρουν. Αυτός είναι ο νόμος του κάρμα και της αναγέννησης.

Μια από τις πιο συναρπαστικές γνώσεις που έχω αποκομίσει μιλώντας με ανθρώπους που ταξίδεψαν σε όλο τον κόσμο - μερικοί επέλεξαν να μην επιστρέψουν ποτέ στις πατρίδες τους, ενώ άλλοι κατέληξαν να επιστρέψουν - είναι ότι όλοι τους ανακάλυψαν πού πραγματικά έπρεπε να βρίσκονται, αντί να αναγκάσουν τον εαυτό τους να μείνει σε ένα μέρος. Οι αποφάσεις αυτές δεν βασίζονταν μόνο στον πλούτο ή στις ευκαιρίες εργασίας, αλλά και σε μαθήματα ζωής, σε πολιτιστικές εμπειρίες ή απλώς στην αγάπη για τα ταξίδια. Συνειδητοποίησαν ότι δεν ήταν προορισμένοι να ζουν σαν φυτά ή δέντρα, κολλημένοι στα μέρη όπου γεννήθηκαν. Αντιθέτως, συνειδητοποίησαν ότι μπορούσαν να μετακινηθούν προς αναζήτηση καλύτερων συνθηκών οξυγόνου, ηλιακού φωτός και νερού.

Το λέω αυτό όχι μόνο μεταφορικά, αλλά και κυριολεκτικά, γιατί λίγοι άνθρωποι συνειδητοποιούν ότι μπορούν να ζήσουν όπου θέλουν, είτε θέλουν περισσότερο ηλιακό φως, είτε καθαρό νερό σε όμορφες παραλίες, είτε τον καθαρό αέρα υπέροχων δασών. Οι περισσότεροι είναι τόσο βαθιά ριζωμένοι στα συστήματα πεποιθήσεων, τις ρίζες και τις πολιτισμικές τους καταβολές που δεν μπορούν να φανταστούν τις άπειρες δυνατότητες που προσφέρει η ζωή. Ο δρόμος προς την πνευματική εξέλιξη είναι στρωμένος με την περιέργεια, την εξερεύνηση και την προθυμία να αντιμετωπίσετε το άγνωστο. Απελευθερώνοντας τους εαυτούς μας από τους περιορισμούς του εθνικισμού, του ρατσισμού και των πολιτισμικών ορίων, μπορούμε να απελευθερώσουμε τις πραγματικές δυνατότητες του μυαλού μας και να συμβάλουμε στη συλλογική εξέλιξη της ανθρωπότητας.

Οι αρχές της αποδοχής, της ελευθερίας και της συμπόνιας δεν είναι απλά ιδανικά- είναι το κλειδί για ένα μέλλον στο οποίο θα βλέπουμε τους εαυτούς μας ως πολίτες του πλανήτη και όχι ως φυλακισμένους των περιορισμένων προοπτικών μας. Ωστόσο, οι περισσότεροι άνθρωποι φοβούνται πάρα πολύ να ξεκινήσουν τα δικά τους ταξίδια και να εξερευνήσουν αυτές τις δυνατότητες. Τι θα γινόταν αν μπορούσατε να ζήσετε τα όνειρά σας οπουδήποτε στον πλανήτη; Θα εγκαταλείπατε αυτή την ευκαιρία μόνο και μόνο επειδή χρειάζεστε τους φίλους σας κοντά σας; Δυστυχώς, πολλοί άνθρωποι θυσιάζουν την περιπέτεια της ζωής για την άνεση της προβλεψιμότητας και καταλήγουν να συμπεριφέρονται περισσότερο σαν λαχανικά παρά σαν ευφυή όντα. Δεν είναι περίεργο που πολλοί φαίνονται ανενημέρωτοι- όταν δεν χρησιμοποιούμε το μυαλό μας, στην πραγματικότητα γινόμαστε λιγότερο έξυπνοι. Οι συνάψεις που συνδέουν τους νευρώνες στον εγκέφαλό σας αρχίζουν να φθείρονται, μειώνοντάς σας σε ένα κλάσμα των δυνατοτήτων σας, όπως αυτές καθορίζονται από τις συνήθειές σας.

Όσο λιγότερο προκλητικός είναι ο τρόπος ζωής σας, τόσο περισσότερο μπορεί να μειωθεί η νοημοσύνη σας. Αυτό δεν σημαίνει ότι θα πρέπει να πέσετε στο χάος για να γίνετε πιο ευφυείς- αντίθετα, θα πρέπει να αναζητήσετε την ιδανική ισορροπία των εμπειριών που μπορεί να σας προσφέρει η ζωή, αν θέλετε πραγματικά να έχετε μια ικανοποιητική πνευματική εμπειρία. Για παράδειγμα, πολλοί άνθρωποι που έχω γνωρίσει έχουν μετακομίσει από πλουσιότερες σε φτωχότερες χώρες επειδή ερωτεύτηκαν τον/την σύζυγό τους και προτίμησαν να μετακομίσουν στη χώρα τους παρά να μείνουν εκεί που ήταν. Γιατί να θέλει κάποιος να μετακομίσει σε μια λιγότερο ευημερούσα χώρα; Αυτό είναι το συναρπαστικό κομμάτι! Συχνά, το έκαναν επειδή αντιλαμβάνονταν καλύτερη ποιότητα ζωής, λιγότερη εγκληματικότητα ή απλώς μεγαλύτερη πρόσβαση στη φύση. Αμφισβητώντας τις προκαταλήψεις μας και βγαίνοντας από τις ζώνες άνεσής μας, μπορούμε να ανακαλύψουμε νέους τρόπους ζωής και σκέψης που εμπλουτίζουν τη ζωή μας.

Κεφάλαιο 12: Προσωπική ανάπτυξη μέσω της παγκόσμιας εξερεύνησης

Το διαδίκτυο έχει δώσει τη δυνατότητα σε πολλές οικογένειες να μετακομίσουν σε μικρά νησιά ή χωριά της Ασίας, όπου αισθάνονται ότι η απόφαση αυτή τους έφερε τις πιο ευτυχισμένες στιγμές της ζωής τους. Η υιοθέτηση μιας παγκόσμιας νοοτροπίας δεν είναι πολύ περίπλοκη και μπορεί να αυξήσει σημαντικά τις δυνατότητές σας για επιτυχία. Αφού συνειδητοποίησα την περιφρόνησή μου για τους Ευρωπαίους και τον διαδεδομένο ρατσισμό και την αγενή συμπεριφορά τους - συμπεράσματα που βγήκαν από περισσότερα από μια δεκαετία εκτεταμένων ταξιδιών στην ήπειρο - αποφάσισα να μετακομίσω στην Ασία, όπου γράφω αυτό το βιβλίο.

Η ασιατική κουλτούρα μου επέτρεψε να θεραπευτώ και να είμαι παραγωγική, ενώ η ευρωπαϊκή κουλτούρα με άφησε σε τρομερή κατάθλιψη. Οι Ευρωπαίοι, σε γενικές γραμμές, δείχνουν έλλειψη ευαισθητοποίησης και οι συζητήσεις τους είναι συχνά γεμάτες αλαζονικές και λανθασμένες υποθέσεις. Μια φυσιολογική συζήτηση με τους Ευρωπαίους μπορεί να είναι οδυνηρή, καθώς γενικά δεν έχουν μια ευρύτερη άποψη για τη ζωή. Οι εξαιρέσεις είναι τόσο σπάνιες που αισθάνεσαι τυχερός που τις βρίσκεις. Η Ευρώπη δεν ευνοεί τους δημιουργικούς ανθρώπους. Στην πραγματικότητα, αν δεν μπορείτε να ευδοκιμήσετε ως επιτυχημένος καλλιτέχνης ή συγγραφέας στην Ευρώπη, θα πρέπει να εξετάσετε το ενδεχόμενο να μετακομίσετε στις Ηνωμένες Πολιτείες, όπου οι καλλιτέχνες χαίρουν μεγαλύτερου σεβασμού.

Στη Νέα Υόρκη, ο προσδιορισμός μου ως συγγραφέας μου εξασφάλισε αντιμετώπιση σαν κινηματογραφική σταρ, ενώ στην Ευρώπη με γελοιοποιούσαν, με αμφισβητούσαν για την ψυχική μου υγεία και με έκαναν στόχο παράλογων υποθέσεων για τον τρόπο ζωής μου. Αν θέλετε έναν πιο προσιτό τρόπο ζωής και εξακολουθείτε να απολαμβάνετε ένα σπίτι στην παραλία, σκεφτείτε να μετακομίσετε στο Πουέρτο Ρίκο, το Μπελίζ, την Ταϊλάνδη ή οπουδήποτε αλλού με παρόμοιες ανέσεις και ευχάριστους γείτονες. Αν αυτό που αποζητάτε είναι η μοναξιά, αναπτύξτε τη δική σας επιχείρηση και απομονωθείτε σε μια καλύβα στο δάσος. Δεν υπάρχει λόγος να δέχεστε τον αρνητισμό ή να παλεύετε για την αποδοχή μεταξύ εκείνων που είναι λιγότερο εξελιγμένοι πνευματικά. Αν συναντήσετε ρατσισμό στην Ισπανία, τη Λιθουανία ή την Πολωνία, γιατί να μην φύγετε; Αν συναντήσετε φτώχεια σε μια αφρικανική χώρα, γιατί να μην φύγετε; Αν συναντήσετε διακρίσεις στη Γερμανία ή την Αυστρία, γιατί να παραπονιέστε αν μπορείτε απλά να μετακομίσετε;

Πιστεύω ότι δεν υπάρχει τίποτα για το οποίο να είσαι περήφανος σε ένα έθνος που έχει ελάχιστα να προσφέρει. Χειρότερο από το να γεννηθείς στις Φιλιππίνες είναι να είσαι περήφανος που είσαι Φιλιππινέζος. Αν έχετε έστω και λίγη Φιλιππινέζικη συνείδηση, η προτεραιότητά σας θα πρέπει να είναι να εγκαταλείψετε ένα έθνος γεμάτο αγύρτες, ψυχοπαθείς, βιαστές, τρομοκράτες, απατεώνες και ψεύτες το συντομότερο δυνατό. Το να είσαι πιο πνευματικός δεν σημαίνει απλώς να κάθεσαι σταυροπόδι στο πάτωμα ή να προσεύχεσαι γονατιστός και να ελπίζεις για το καλύτερο. Σημαίνει να αποκτάτε μεγαλύτερη επίγνωση του πνευματικού σας δυναμικού και να ενεργείτε σύμφωνα με αυτό.

Η γνώση είναι απαραίτητη γι' αυτό, αλλά η γνώση προέρχεται από τη δράση, και η δράση προέρχεται από την αποφασιστικότητα να αλλάξετε. Αυτή η αποφασιστικότητα δεν θα εκδηλωθεί χωρίς την αναγνώριση της ανάγκης για αλλαγή, γι' αυτό και όσοι δεν βλέπουν τι δεν πάει καλά στη ζωή τους δεν θα εξελιχθούν ποτέ. Ο πόνος είναι συνήθως προϋπόθεση για την εξέλιξη, όχι επειδή ο πόνος είναι εγγενώς καλός, αλλά επειδή αναδεικνύει το ανεπιθύμητο. Μόνο ανόητοι ισχυρίζονται ότι ο πόνος είναι αναπόσπαστο μέρος της ζωής που πρέπει να γίνει αποδεκτό.

Οι άνθρωποι τείνουν να ζουν σύμφωνα με τις αξίες τους, γι' αυτό και εκείνοι που με θεωρούσαν ηλίθιο συνέχισαν τον δρόμο τους, ενώ εγώ χάραξα τον δικό μου. Η οικογένειά μου πίστευε ότι ο πόνος ήταν μέρος της ζωής και ζούσε άθλια σε όλη τη διάρκεια της ύπαρξής της. Εγώ δημιούργησα τη ζωή που έχω τώρα, μια ζωή που δεν καταλαβαίνουν, και γι' αυτό συχνά με βλέπουν ως εγκληματία. Εκείνοι που δεν έχουν την ικανότητα να κατανοήσουν οτιδήποτε άλλο εκτός από τη δική τους πραγματικότητα συχνά βλέπουν εκείνους που δεν μπορούν να καταλάβουν ως κατώτερους, ως μέσο προστασίας του δικού τους εγώ. Με την πάροδο του χρόνου, όμως, το εγώ γίνεται εύθραυστο, σαν ένα απροστάτευτο αυγό που σπάει εύκολα επειδή δεν αναπτύχθηκε ποτέ πραγματικά.

Το εγώ είναι απλώς ο αληθινός εαυτός που καλύπτεται από τα ψέματα. Το μεγαλύτερο ψέμα που λένε οι άνθρωποι στον εαυτό τους είναι ότι είναι σημαντικοί, ενώ στην πραγματικότητα δεν είναι. Αυτό το συνειδητοποιούν ενστικτωδώς όταν σταματούν να εργάζονται και νιώθουν κατάθλιψη, γι' αυτό και στρέφονται σε διάφορες ουσίες, με πιο προφανή τη ζάχαρη. Ωστόσο, ένα άλλο σημαντικό ψέμα που λένε πολλοί άνθρωποι στον εαυτό τους είναι ότι για να είσαι πνευματικός, πρέπει να αποδέχεσαι τους άλλους όπως είναι. Αρνούμαι να ζήσω σε μια χώρα όπου δεν με σέβονται, ανεξάρτητα από το τι μπορεί να λένε ή να σκέφτονται οι άλλοι ή το ιστορικό πλαίσιο της χώρας.

Η ίδια αρχή ισχύει και για τις σχέσεις. Ποτέ δεν συνάπτω μια σχέση με την πρόθεση να μείνω στην ίδια χώρα όπου γνώρισα τον σύντροφό μου. Αυτή η ιδέα μου φαίνεται παράλογη, παρόλο που είναι αυτό που περιμένουν πολλές γυναίκες που γνωρίζω. Οι περισσότεροι άνθρωποι έχουν μια περιορισμένη άποψη για τη ζωή, η οποία συμβάλλει στη δυστυχία τους. Δεν μπορώ να σεβαστώ τις πνευματικές τους πεποιθήσεις ή τις αξίες τους, αν εκλογικεύουν τη ζωή με έναν τόσο περιορισμένο τρόπο. Η πνευματικότητα είναι κάτι περισσότερο από αυτό, και κάνουν λάθος που το βλέπουν έτσι.

Κεφάλαιο 13: Κατανόηση των κοσμικών μας συνδέσεων

Η πνευματικότητα έχει να κάνει με τη διεύρυνση της συνείδησης μέσω πράξεων, εμπειριών, ιδεών και δημιουργικότητας, όχι με την αποδοχή αρνητικών περιστάσεων που μας επηρεάζουν αρνητικά. Αυτός είναι ο λόγος για τον οποίο οι Αστροσπόροι συχνά φαίνονται πιο επαναστατικοί από τους απαθείς οπαδούς καλών φιλοσοφιών. Όποιος σας διδάσκει να αποδέχεστε αυτό που δεν θα έπρεπε ποτέ να αποδέχεστε, προωθεί ένα ψευδές δόγμα. Δεν υπάρχει καμία εκλογίκευση ή δικαιολογία για την ασέβεια, τον ρατσισμό, την ξενοφοβία ή το κακό γενικά. Αυτό που βλέπετε είναι αυτό που είστε, και έχετε το δικαίωμα να αναζητήσετε πιο εμπλουτιστικές εμπειρίες που προωθούν την εξέλιξή σας, ειδικά όταν οι εμπειρίες σας απειλούν την επιβίωσή σας.

Για πολύ καιρό πίστευα ότι κάτι δεν πήγαινε καλά με μένα, επειδή δεν με αγαπούσαν ή με αποδέχονταν, αλλά μου φερόταν σαν ηλίθια. Μόνο αργότερα συνειδητοποίησα ότι περιτριγυριζόμουν από ανθρώπους με περιορισμένες γνωστικές ικανότητες και δεν μπορείς να περιμένεις πολλά από κάποιον που βλέπει τον κόσμο μέσα από έναν τόσο στενό φακό. Το να διαφωνείς μαζί τους ή να προσπαθείς να τους κάνεις να καταλάβουν μια πραγματικότητα που είναι πέρα από την αντίληψή τους είναι άσκοπο. Η μόνη βιώσιμη επιλογή είναι να φύγετε και να μην πείτε τίποτα- ακόμη και τα γράμματα που θα αφήσετε πίσω σας δεν θα γίνουν αποδεκτά ως ρεαλιστικά. Δεν έχω λάβει ποτέ συγγνώμη από κάποιον που έχω γνωρίσει, επειδή το γνωστικό τους επίπεδο παρέμεινε τόσο χαμηλό σε όλη τους τη ζωή που δεν συνειδητοποίησαν ποτέ το λάθος της καταχρηστικής και ασεβούς συμπεριφοράς τους. Το μεγαλύτερο λάθος μου ήταν ότι περίμενα μια συγγνώμη, γιατί θα ήταν εγωιστικό να περιμένω σεβασμό από τους άλλους.

Έπρεπε να αποδεχτώ το γεγονός ότι πολλοί άνθρωποι μπορεί να τρέφουν αιώνιο μίσος για μένα. Η μόνη ενδεδειγμένη αντίδραση είναι να μην κάνω τίποτα: να τους ξεχάσω και να ζήσω μια ζωή που δεν απαιτεί την έγκριση ή την κατανόησή τους, επιτρέποντάς τους να παραμείνουν στην άγνοιά τους. Πολλοί άνθρωποι συκοφαντούν τη φήμη μου και επινοούν ανοησίες για μένα, αλλά δεν με νοιάζει, γιατί δεν αποτελούν μέρος της ζωής μου. Ίσως γι' αυτό με περιφρονούν τόσο πολύ: δεν τους χρειάζομαι. Λίγοι άνθρωποι συνειδητοποιούν ότι η οικογένειά μας δεν περιορίζεται σε εκείνους που μας έδωσαν το σώμα μας μέσω μιας αυθόρμητης σεξουαλικής πράξης. Αντίθετα, περιλαμβάνει τους ανθρώπους που συναντάμε στο πνευματικό μας ταξίδι: εκείνους που μας σέβονται πραγματικά, υποστηρίζουν τις ανάγκες μας και αποδέχονται την αληθινή μας φύση, συμπεριλαμβανομένων των περιορισμών και των προσδοκιών μας. Αυτοί οι άνθρωποι δεν πνίγουν τα όνειρά μας- αντίθετα, τα τροφοδοτούν με λόγια ενθάρρυνσης.

Όταν συναντάμε τέτοιους ανθρώπους, αρχίζουμε να καταλαβαίνουμε τη φύση μιας πνευματικής οικογένειας. Η κατανόηση αυτή βαθαίνει όταν συνειδητοποιούμε ότι, παρά τη διαφορετική εμφάνιση και κουλτούρα μας, μπορούμε να συνδεθούμε πνευματικά. Η ανάλυση της ύπαρξής μας μέσα από τον φακό της ποικιλομορφίας του πλανήτη είναι τόσο σημαντική για εμάς όσο και για τους πολιτισμούς με τους οποίους αλληλεπιδρούμε. Αυτή η εξερεύνηση μας φέρνει πιο κοντά στην αλήθεια για την ποικιλομορφία μας και την πνευματική μας προέλευση.

Σύμφωνα με τη σύγχρονη επιστήμη, η ανθρωπότητα δεν εξελίχθηκε με γραμμικό τρόπο. Αντίθετα, έχει υποστεί μια διαδικασία διασταύρωσης και υβριδισμού μεταξύ πολλών ειδών, τα περισσότερα από τα οποία φαίνεται να έχουν προκύψει «αυθόρμητα» στη Γη ή να προέρχονται από άλλους γαλαξίες. Σύμφωνα με τον Benjamin Plackett στο Live Science News, η επιστημονική κοινότητα δέχεται πλέον ομόφωνα ότι τουλάχιστον είκοσι ένα διαφορετικά ανθρώπινα είδη, το καθένα με ξεχωριστό γενετικό υπόβαθρο, έχουν κατοικήσει στη Γη. Σε αυτά περιλαμβάνονται ο Homo sapiens, οι Νεάντερταλ, οι άνθρωποι της Ινδονησίας που μοιάζουν με Χόμπιτ, ο Homo erectus, ο Homo naledi, ο Homo luzonensis, ο Homo floresiensis (συχνά αποκαλούμενος «Χόμπιτ») και οι άνθρωποι του σπηλαίου Red Deer στην Κίνα. Πολλά απολιθώματα αυτών των ειδών έχουν ανακαλυφθεί τα τελευταία χρόνια και, με τον τρέχοντα ρυθμό ανακάλυψης, είναι πιθανό να βρεθούν πολλά ακόμη.

Ο προσδιορισμός του ακριβούς αριθμού των διαφορετικών ανθρώπινων ειδών περιπλέκεται επειδή οι ερευνητές συνεχίζουν να ανακαλύπτουν νέα απολιθώματα, που συχνά αντιπροσωπεύουν άγνωστα μέχρι σήμερα είδη. Ο Τζον Στιούαρτ, εξελικτικός παλαιοοικονολόγος στο Πανεπιστήμιο του Μπόρνμουθ στο Ηνωμένο Βασίλειο, δήλωσε: «Ο αριθμός αυξάνεται και εξαρτάται από το ποιον ρωτάτε. Όλα εξαρτώνται από τον ορισμό του είδους και τον βαθμό αποδοχής της παραλλαγής εντός ενός είδους. Αυτό μπορεί να οδηγήσει σε εκνευριστικές και σχολαστικές συζητήσεις, καθώς όλοι θέλουν μια οριστική απάντηση».

Η ποικιλομορφία των ανθρώπινων ειδών ήταν κάποτε τόσο συνηθισμένη που είναι πλέον ασυνήθιστο να υπάρχει μόνο ένα είδος. «Πριν από λίγο καιρό δεν ήμασταν τόσο ξεχωριστοί, αλλά τώρα είμαστε οι μόνοι που έχουν απομείνει», λέει ο Nick Longrich, εξελικτικός βιολόγος στο Πανεπιστήμιο του Bath στο Ηνωμένο Βασίλειο. Έχουμε βρει όχι μόνο αποδείξεις για πολύ διαφορετικά είδη με διαφορετική προέλευση, αλλά και σκελετούς και γενετικό υλικό που δεν μοιάζουν με τίποτα που βρίσκεται σήμερα στη Γη.

Κεφάλαιο 14:
Το γενετικό αποτύπωμα της ανθρωπότητας

Σ την προσπάθειά τους να προσδιορίσουν την καταγωγή μας, οι ερευνητές που συμμετέχουν στο Πρόγραμμα Ανθρώπινου Γονιδιώματος έκαναν μια αξιοσημείωτη επιστημονική ανακάλυψη. Σύμφωνα με τον καθηγητή Σαμ Τσανγκ του Προγράμματος Ανθρώπινου Γονιδιώματος, «πιστεύουν ότι το λεγόμενο 97% των μη κωδικοποιητικών αλληλουχιών στο ανθρώπινο DNA δεν είναι τίποτα λιγότερο από τον γενετικό κώδικα εξωγήινων μορφών ζωής», όπως αναφέρεται στο Exonews.org. Αρχικά αποκαλούμενο «άχρηστο DNA», η λειτουργία αυτών των μη κωδικοποιητικών αλληλουχιών ήταν άγνωστη. Ωστόσο, πολλοί πιστεύουν πλέον ότι το DNA μας μπορεί να έχει εξωγήινη προέλευση. Η υπόθεση αυτή συζητήθηκε σε μια ερευνητική εργασία που δημοσιεύθηκε το 2012 από τον Maxim A. Makukov, από το Τμήμα Μαθηματικών του Εθνικού Πανεπιστημίου Al-Farabi του Καζακστάν, και τον Vladimir I. Cherbak, από το Αστροφυσικό Ινστιτούτο. Cherbak, από το Αστροφυσικό Ινστιτούτο του Καζακστάν. Τα ευρήματά τους υποστηρίζουν την ιδέα ότι τα ανθρώπινα όντα σχεδιάστηκαν γενετικά με ορισμένα γονίδια προγραμματισμένα να ενεργοποιούνται, πολλά από τα οποία σχετίζονται όχι μόνο με τις πνευματικές και πνευματικές μας ικανότητες, αλλά και με το προσδόκιμο ζωής μας. Η ενεργοποίηση αυτών των γονιδίων θα μπορούσε να μας ανυψώσει σε ένα επίπεδο παρόμοιο με αυτό των θεών, των δημιουργών μας, και να προσδώσει αξιοπιστία σε αφηγήσεις που περιλαμβάνουν μορφές όπως ο Ένκι ή ο Εωσφόρος.

Αξίζει να σημειωθεί, ωστόσο, ότι η συμβολή του Εωσφόρου μπορεί να μην ήταν τόσο ευεργετική όσο φαίνεται. Αν το μόνο που έκανε ήταν να ξεκλειδώσει τα γονίδια που σχετίζονται με την ανώτερη νοημοσύνη και την αναπαραγωγή, αφήνοντάς μας ευάλωτους στις ασθένειες και σε μια περιορισμένη διάρκεια ζωής που δεν ξεπερνά κατά μέσο όρο τα εκατό χρόνια, η επίδρασή του είναι αμφισβητήσιμη. Ο Ένκι μπορεί να μας έδωσε τη νοημοσύνη να επαναστατήσουμε ενάντια στους θεούς, αλλά όχι την πνευματική ικανότητα να τους μοιάσουμε. Αυτός είναι ο λόγος για τον οποίο οι αρχαίες θρησκευτικές παραδόσεις συνεχίζουν να μας μπλέκουν σε έναν ιστό εξαπάτησης, υπνωτικής υποβολής και προδιάθεσης για βία στο όνομα μιας έννοιας του Θεού. Μέχρις ότου η ανθρωπότητα αυξήσει τη συνείδησή της, η θρησκεία θα παραμείνει σχετική, επιτρέποντας στις Αβρααμικές θρησκείες να διατηρήσουν την επιρροή τους πάνω στις εύκολα επηρεαζόμενες μάζες.

Όταν αναλογιστούμε την πιθανότητα ότι ένας προηγμένος εξωγήινος πολιτισμός έχει βαλθεί να δημιουργήσει και να φυτέψει νέα ζωή σε διάφορους πλανήτες, είναι λογικό ότι η Γη είναι μόνο μία από τις πολλές τέτοιες τοποθεσίες. Το επείγον ερώτημα που πρέπει να θέσουμε είναι: γιατί ο γενετικός μας κώδικας εξακολουθεί να έχει τόσους πολλούς περιορισμούς και γιατί συνεχίζουμε να λειτουργούμε με αρχαίες γενετικές δομές; Σύμφωνα με τον Vladimir Sherbak, όπως αναφέρεται στο βιβλίο Hybrid Humans των Daniella Fenton και Bruce R. Fenton, το DNA μας μπορεί να γίνει κατανοητό ως «ένα πρόγραμμα που αποτελείται από δύο εκδοχές: έναν τεράστιο δομημένο κώδικα και έναν απλό ή βασικό κώδικα». Σε άρθρο του στην Express.co.uk, ο Makulov αναφέρει ότι «αργά ή γρήγορα θα πρέπει να αποδεχτούμε το γεγονός ότι όλη η ζωή στη Γη φέρει τον γενετικό κώδικα των εξωγήινων ξαδέλφων μας και ότι η εξέλιξη δεν είναι αυτό που νομίζουμε».

Πρέπει να παραμείνουμε ανοιχτοί στην πιθανότητα συνεχούς γενετικής παρέμβασης σε διάφορα επίπεδα, με κάποιες εξωγήινες φυλές να μας ανεβάζουν και άλλες να μας τραβούν προς τα κάτω. Φαίνεται ότι κάθε εξωγήινη φυλή έχει τη δική της ατζέντα. Για τους λόγους αυτούς, είναι όλο και πιο δύσκολο να μιλάμε για μια ενιαία ανθρώπινη φυλή, καθώς πολλά άτομα μπορεί να μην είναι πλήρως ανθρώπινα στην ουσία. Κάποιοι έχουν ήδη περάσει αυτό το όριο, παρά την εξωτερική τους εμφάνιση. Ενώ ορισμένα άτομα εξελίσσονται προς μια κατάσταση πιο κοντά στο θείο, άλλα οπισθοδρομούν προς ορισμένα εξωγήινα είδη χαμηλότερης δονητικής συχνότητας, που συχνά στερούνται θεμελιωδών ανθρώπινων χαρακτηριστικών, όπως η ενσυναίσθηση.

Το ζήτημα της ενσυναίσθησης γίνεται ιδιαίτερα σημαντικό όταν αναλύουμε τις τελετουργίες που πολλοί παγκόσμιοι ηγέτες αναγκάζονται να εκτελούν. Αυτές οι τελετουργίες, οι οποίες μπορεί να είναι κανιβαλικές και σκληρές, προετοιμάζουν τους ανθρώπους για υπακοή σε μια μη ανθρώπινη οντότητα ή ομάδα. Σε αυτό το πλαίσιο, ο χριστιανισμός μπορεί να θεωρηθεί ως μια πιο ήπια εκδοχή της λατρείας του Μολώχ που γιορτάζεται από πολλούς ανθρώπους. Ωστόσο, αυτό δεν σημαίνει ότι όλοι οι εξωγήινοι με θρησκευτικές ατζέντες έχουν πρόθεση να υποδουλώσουν και να χειραγωγήσουν την ανθρωπότητα. Οι προθέσεις τους ποικίλλουν ανάλογα με το δικό τους όραμα για τη ζωή.

Ορισμένοι συγγραφείς, όπως ο Zecharia Sitchin, υποστηρίζουν, βασιζόμενοι σε μεταφράσεις πινακίδων των Σουμερίων, ότι οι εξωγήινοι δημιούργησαν γενετικά τους ανθρώπους για να τους χρησιμεύουν ως σκλάβους. Ωστόσο, διαφορετικές εξωγήινες φυλές φαίνεται να είχαν διαφορετικούς σκοπούς, όπως δείχνουν διάφορες αρχαίες καταγραφές. Αυτό θα μπορούσε να εξηγήσει τον διαχωρισμό τουλάχιστον δύο ανθρώπινων ειδών στο παρελθόν: ένα που εκδιώχθηκε από έναν εξωγήινο παράδεισο επειδή αρνήθηκε να υποδουλωθεί, και ένα άλλο που παρέμεινε αδαές και εφησυχασμένο. Αυτός ο παραλληλισμός είναι εμφανής στη σύγχρονη κοινωνία μας, όπου πολλά άτομα επιλέγουν να υποτάσσονται από τις κυβερνήσεις τους και ένα καταπιεστικό σύστημα αξιών, παραμένοντας σε μια περιορισμένη και ασυνείδητη κατάσταση του νου. Αντίθετα, άλλοι αναζητούν την εκπαίδευση και την απελευθέρωση από την άγνοια.

Κεφάλαιο 15: Ξεπερνώντας τον έλεγχο και αποδεχόμενοι την αυτονομία

Όσοι παραμένουν ασυνείδητοι της πνευματικής τους ευπάθειας ενεργούν ενάντια στους νόμους της δημιουργίας και της εξέλιξης. Επομένως, δεν αποτελεί έκπληξη το γεγονός ότι οι παραδοσιακές θρησκείες πρέπει να προσαρμόζονται στις ανάγκες τους, ενώ οι λίγοι που έχουν αφυπνιστεί δεν μπορούν να υποταχθούν σε ένα τόσο περιοριστικό σύστημα ηθικών κωδίκων. Όταν κάποιος αφυπνίζεται στην αλήθεια, αρχίζει να βλέπει όλες τις θρησκείες ως μεθόδους ελέγχου του νου και μαζικής υποδούλωσης. Ένα πραγματικά αφυπνισμένο άτομο θα δυσκολευτεί να γίνει δεκτό σε οποιαδήποτε θρησκευτική ομάδα, καθώς δεν ελέγχεται εύκολα. Αυτό αποκαλύπτει μία από τις πολλές κρυφές διδασκαλίες της Βίβλου: όσοι δεν μπορούν να ελεγχθούν, συνήθως αποβάλλονται από τις ομάδες που έχουν ως στόχο να τους ελέγξουν.

Η πρόσφατη απειλή ενός ιού έχει ανεβάσει αυτή τη μαζική ψύχωση σε πρωτοφανή επίπεδα, επειδή η απειλή είναι πλέον αόρατη και ο καθένας μπορεί να γίνει στόχος παράλογου φόβου. Οι άνθρωποι έχουν γίνει καχύποπτοι απέναντι στους φίλους και τους συγγενείς τους και φοβούνται τις ανθρώπινες επαφές εξαιτίας της πιθανής μόλυνσης από ασθένειες που δημιουργούνται σε εργαστήρια ανά τον κόσμο. Οι παγκόσμιοι ηγέτες έχουν συνδέσει με επιτυχία την ανθρώπινη αλληλεπίδραση με τον θάνατο, ενσταλάζοντας έναν φόβο που εμποδίζει ακόμη και την περιστασιακή συζήτηση κατά τη διάρκεια μιας πανδημίας. Οι μάσκες που απαιτούνται κατά τη διάρκεια της πανδημίας του 2019 από τον κοροναϊό έχουν γίνει σύμβολα καταπίεσης, συμμόρφωσης και κατήχησης, προετοιμάζοντας τους ανθρώπους να δεχτούν ακόμη πιο καταπιεστικά μέτρα στο μέλλον.

Μπορούμε να πάρουμε μια γεύση από αυτό το μέλλον στην κομμουνιστική Κίνα, όπου οι άνθρωποι μπορούν να συλληφθούν στα ίδια τους τα σπίτια για κάτι που έγραψαν στο διαδίκτυο και να εξαφανιστούν χωρίς ίχνος. Αυτό αντιπροσωπεύει έναν πολύ χειρότερο ιό: την πολιτική καταστολή των ανεξάρτητων στοχαστών. Ο δρόμος για την πνευματική αφύπνιση είναι να αναγνωρίσουμε τους περιορισμούς που μας επιβάλλουν οι κυβερνήσεις μας και να αγκαλιάσουμε την ποικιλομορφία της γενετικής μας κληρονομιάς. Μόνο έτσι μπορούμε να απελευθερώσουμε τις πραγματικές μας δυνατότητες και να συμβάλουμε στη συλλογική εξέλιξη της ανθρωπότητας.

Τα ανθρώπινα όντα δημιουργήθηκαν για διαφορετικούς σκοπούς και διαφοροποιήθηκαν μέσα από τις επιλογές τους. Αυτές οι επιλογές συχνά πηγάζουν από την επιθυμία να παραμείνουν στο σκοτάδι, η οποία μπορεί να ερμηνευτεί ως μια μορφή σκλαβιάς, ή να αφυπνιστούν πνευματικά και να ενταχθούν στις τάξεις των φωτισμένων. Ως αποτέλεσμα, οι αντιλήψεις για τη δημιουργία διαφέρουν σημαντικά από άτομο σε άτομο. Όσοι ζουν στο σκοτάδι τείνουν να συγχέουν τον Θεό, τον Σατανά και τους προφήτες του, θεωρώντας τους ως εναλλάξιμες οντότητες. Αποτυγχάνουν να διακρίνουν μεταξύ αγγέλων, αρχαγγέλων, Ιησού και Αγίου Πνεύματος, με αποτέλεσμα τη βαθιά υπεραπλούστευση πολύπλοκων ζητημάτων.

Αυτή η υπεραπλούστευση είναι μια συνηθισμένη συμπεριφορά εκείνων που δεν καταλαβαίνουν. Το σκοτάδι ισοδυναμεί με άγνοια, και όσοι έχουν βαθιά άγνοια δυσκολεύονται να κατανοήσουν πολλά από τον κόσμο γύρω τους. Αυτή η ευπάθεια τους καθιστά ευάλωτους στον έλεγχο, καθώς εκλογικεύουν την άγνοιά τους για να αποτρέψουν την εξέλιξή τους. Η έλλειψη επίγνωσης τους εμποδίζει να αναγνωρίσουν τους δικούς τους περιορισμούς. Πολλές ερωτήσεις που θέτουν τα αδαή άτομα μπορεί να φαίνονται απλές με την πρώτη ματιά, αλλά έχουν αμέτρητα υποκείμενα στρώματα και μετά βίας μπορούν να κατανοήσουν τις πιο βασικές απαιτήσεις για μια βαθύτερη κατανόηση.

Η εξήγηση των πάντων στον σημερινό διασυνδεδεμένο κόσμο αποτελεί πρόκληση, καθώς λίγοι άνθρωποι κατανοούν πραγματικά το περίπλοκο πλέγμα των σχέσεων που καθορίζουν την πραγματικότητά μας. Είναι σαν να προσπαθείς να εξηγήσεις την πραγματικότητα σε έναν χαρακτήρα παγιδευμένο σε ένα βιντεοπαιχνίδι. Ο κόσμος μας είναι γεμάτος από στρώματα κωδίκων και παρερμηνειών, όλα εγγενώς συνδεδεμένα, τα οποία ερμηνεύουμε ως πραγματικότητα και στη συνέχεια ως θρησκεία. Όπως καταγράφεται στον Ωσηέ 4 της Βίβλου, ο Ιησούς παρατήρησε ότι η άγνοια οδηγεί στον θάνατο.

Η Βίβλος αναφέρεται σε αυτό ως «έλλειψη γνώσης», όρος που αποδίδει παρόμοιο νόημα. Αυτή η προσκόλληση σε ένα ελαττωματικό σύστημα μπορεί να κάνει τους ανθρώπους να εθελοτυφλούν απέναντι στις προφανείς αλήθειες γύρω τους.

Πολλοί άνθρωποι είναι τόσο οχυρωμένοι στις ερμηνείες τους για τον κόσμο, ώστε θεωρούν αδύνατο να ξεφύγουν από τις ψυχικές τους φυλακές, όσο σκληρά κι αν προσπαθούν. Ένα αξιοσημείωτο παράδειγμα είναι η αντίδραση εναντίον καθηγητών και κλινικών γιατρών που παρουσιάζουν επιστημονικά στοιχεία που έρχονται σε αντίθεση με ευρέως αποδεκτές πεποιθήσεις. Σήμερα, πολλοί άνθρωποι αναζητούν μόνο την επιστήμη που συμφωνεί με τις αυταπάτες τους, αποδεχόμενοι με προθυμία εμβόλια που οι γιατροί έχουν προειδοποιήσει ότι μπορεί να είναι αναποτελεσματικά και επικίνδυνα.

Εν μέσω αυτού του παγκόσμιου χάους, ένα τμήμα του πληθυσμού αφυπνίζεται, σαν ένα μέρος του κόσμου να κινείται προς μια κατεύθυνση, ενώ ένα άλλο προς την αντίθετη. Οι περισσότεροι έχουν διαστρεβλώσει την τύχη των θρησκειών τους μέσω ψεμάτων και παρερμηνειών, και ο αριθμός των νόμων που μπορεί να έχει μια ομάδα είναι άσχετος αν δεν τηρούνται. Πάρτε για παράδειγμα τη Σαηεντολογία. Ιδρύθηκε από έναν άνθρωπο που αργότερα δολοφονήθηκε. Οι οπαδοί του άλλαξαν και αναδιοργάνωσαν τις διδασκαλίες του, δημιουργώντας τη δική τους εκδοχή. Όταν οι άνθρωποι ισχυρίζονται ότι καταλαβαίνουν τη Σαηεντολογία επειδή έχουν παρακολουθήσει ντοκιμαντέρ, συνήθως αναφέρονται στις ερμηνείες όσων δεν έχουν γνώση, οι οποίες έχουν αλλοιωθεί από άλλους. Αυτό το μοτίβο μπορεί επίσης να παρατηρηθεί στην ιστορία του χριστιανισμού.

Κεφάλαιο 16: Ανακαλύπτοντας τα κοινά σημεία μεταξύ των θρησκειών

Για πολλούς, η ένταξή μου σε διάφορες θρησκευτικές ομάδες, συχνά ταυτόχρονα, είναι άσχετη. Αυτό που έχει πραγματικά σημασία γι' αυτούς είναι να εντοπίζουν τη «λάθος» λέξη στις συζητήσεις μας για τη θρησκεία, σαν να βρισκόμαστε σε ένα παιχνίδι του τύπου «μάντεψε ποια λέξη δεν μπορείς να πεις». Η ενασχόληση με αυτούς τους ανθρώπους μου έχει στοιχίσει εκατοντάδες φιλίες, επειδή έτσι συμπεριφέρονται οι περισσότεροι άνθρωποι. Συχνά δεν είμαι σίγουρη ποια θέματα πρέπει να αποφύγω, καθώς μπορεί να προκαλέσουν παράλογες αντιδράσεις, ειδικά σε θρησκευτικές ομάδες που ισχυρίζονται ότι είναι ανοιχτόμυαλες.

Πάρτε για παράδειγμα τους μασόνους. Παρουσιάζονται ως ενταγμένοι σε όλες τις θρησκείες, αλλά αυτή η ένταξη επεκτείνεται μόνο σε εκείνες που θεωρούν «ηλίθιες» - εκείνες που μπορούν εύκολα να αντικρουστούν. Η υπερβολική γνώση είναι προβληματική γι' αυτούς και για πολλούς άλλους θρησκευόμενους ανθρώπους. Η υποκρισία είναι ανεξέλεγκτη: δηλώνουν μια πίστη αλλά ενεργούν αντίθετα με αυτήν, ανάλογα με το τι είναι πιο βολικό. Αυτό είναι εμφανές όταν οι Μάρτυρες του Ιεχωβά εμπλέκονται με άτομα που κάνουν αφελείς ερωτήσεις, αλλά αποφεύγουν εκείνους που θα μπορούσαν να αμφισβητήσουν τις πεποιθήσεις τους με τις δικές τους γραφές και ακόμη και να αντικρούσουν τους ισχυρισμούς τους για τη χρηματοδότηση δωρεών με πραγματικά στοιχεία.

Όταν εξετάζουμε την προέλευση οποιασδήποτε θρησκείας, αποκαλύπτονται βασικές αλήθειες, και αυτές οι αλήθειες είναι αλληλένδετες σε διαφορετικές θρησκείες. Για παράδειγμα, ο Ινδουισμός έχει ομοιότητες με τον Χριστιανισμό. Ωστόσο, αν κάποιος κατανοεί μόνο τη χριστιανική ερμηνεία της αλήθειας -μια ερμηνεία που συχνά διαφέρει από αυτό που πραγματικά δίδαξε ο Χριστός, επηρεασμένος από τις προοπτικές των δολοφόνων του, δηλαδή των Ρωμαίων και των Εβραίων- μπορεί λανθασμένα να πιστέψει ότι υπάρχουν σημαντικές διαφορές μεταξύ των θρησκειών.

Στην αραμαϊκή γλώσσα, ο Ιησούς αναφερόταν στον Θεό ως «Δημιουργό του Σύμπαντος», μια διαφορετική προοπτική από εκείνη που παρουσιάζεται στη Βίβλο και σε άλλες αβρααμικές θρησκείες. Αυτή η διάκριση αναδεικνύει μια σύγκρουση με το εβραϊκό όνομα του Θεού, Ιεχωβά, το οποίο είναι μια προφορά που κατασκευάστηκε από το εβραϊκό όνομα YHWH, το οποίο περιλαμβάνει τα φωνήεντα της λέξης «Adonai». Αξίζει να σημειωθεί ότι το «Adonai» είναι ο πληθυντικός αριθμός των θεών, όπως και το «Elohim», ένας άλλος εβραϊκός όρος που χρησιμοποιείται στη Βίβλο για να περιγράψει τον Θεό, γεγονός που υποδηλώνει ότι οι αβρααμικές θρησκείες δεν είναι πραγματικά μονοθεϊστικές, αλλά μάλλον πολυθεϊστικές.

Αυτός ο κρυμμένος πολυθεϊσμός αποκρύπτεται από μια αφήγηση που παρουσιάζει ένα μοναδικό ον ως εκπρόσωπο μιας συλλογικότητας εξωγήινων όντων. Έτσι, ο βιβλικός Θεός δεν είναι συνώνυμος με τον Δημιουργό, αλλά αντιπροσωπεύει μια εξωγήινη φυλή που έχει υποδουλώσει την ανθρωπότητα και σκοπεύει να μας κρατήσει ως υπάκουους υπηκόους στη θέλησή της. Η διαφθορά της πνευματικής μας φύσης έχει οδηγήσει σε μια πληθώρα θρησκευτικών προοπτικών που συχνά προάγουν την άγνοια και την υποκρισία.

Η αλήθεια για την πνευματική μας προέλευση και τη διασύνδεση όλων των θρησκειών παραμένει σκοτεινή λόγω των περιορισμών της ανθρώπινης κατανόησης και της χειραγώγησης του θρησκευτικού δόγματος. Για να προοδεύσουμε ως είδος, πρέπει να αποδεχτούμε την πολυπλοκότητα της ύπαρξής μας και να αναζητήσουμε αλήθειες που υπερβαίνουν τις περιορισμένες προοπτικές μας. Αναγνωρίζοντας τα κοινά νήματα που διατρέχουν όλες τις θρησκείες και τις πνευματικές παραδόσεις, μπορούμε να αρχίσουμε να βλέπουμε τη μεγαλύτερη εικόνα και να εργαστούμε για μια πιο φωτισμένη και ενωμένη ανθρωπότητα.

Το ερώτημα αν ο Δημιουργός είναι άνδρας ή γυναίκα παραμένει αναπάντητο. Πολλοί τον απεικονίζουν ως αρσενικό, βασιζόμενοι κυρίως στην αντίληψη ότι η δημιουργία αρχίζει με το σπέρμα που γονιμοποιεί το ωάριο. Σε αυτό το πλαίσιο, ο Θεός θεωρείται άνδρας επειδή γονιμοποιεί τη Γη με ζωή μέσω της βροχής και της φωτεινής ενέργειας. Ο Εωσφόρος, που συχνά συνδέεται με τον Θεό επειδή έδωσε στα ανθρώπινα όντα νοημοσύνη, συχνά εξισώνεται με τον Ένκι, ο οποίος επίσης απεικονίζεται ως άνδρας. Ο αδελφός του, ο Ενλίλ, ο ηγέτης της εξωγήινης φυλής που υποδούλωσε την ανθρωπότητα στην Εδέμ, είναι επίσης άνδρας και λατρεύεται από τους οπαδούς των Αβρααμικών θρησκειών.

Αυτό δεν σημαίνει, ωστόσο, ότι η θηλυκή ενέργεια δεν έχει πνευματική διάκριση. Σύμφωνα με τη βιβλιοθήκη Nag Hammadi, η Μαρία Μαγδαληνή αναγνωρίστηκε ως το μόνο άτομο που ήταν ικανό να ερμηνεύσει και να αναπαράγει με ακρίβεια τις διδασκαλίες του Ιησού. Σε αυτή την αφήγηση, προσωποποιεί τη γυναικεία θεά που τον συνοδεύει ή είναι το αντίστοιχό του. Αυτός ο συμβολισμός αντανακλάται στα έργα του Da Vinci, ο οποίος την απεικόνισε υπό αυτό το πρίσμα. Για να κατανοήσουμε αυτή την αναλογία, είναι απαραίτητο να θεωρήσουμε τον Δημιουργό ως την πηγή της ζωής, με το σύμπαν ως μήτρα ή δοχείο αυτής της ζωής.

Οι αρχαίες παραδόσεις έβλεπαν γενικά τη Μητέρα Θεά ως το ίδιο το σύμπαν, που περιλαμβάνει τους πολλούς γαλαξίες του και αντιπροσωπεύει την αντανάκλαση του Δημιουργού-Θεού πέρα από αυτό το ολόγραμμα. Σε αυτό το πλαίσιο, οι διάφοροι πλανήτες συμβολίζουν τα αυγά της Υπέρτατης Θεάς και τα ανθρώπινα όντα στη Γη και σε άλλες πραγματικότητες αντιπροσωπεύουν μικρότερες εκδηλώσεις, παρόμοιες με μικροσκοπικά μικρόβια ή σπίθες του Δημιουργού. Μέσα σε αυτό το φάσμα διαφορετικών όντων σε διαφορετικούς πλανήτες και μεταξύ της συνείδησης και των εκδηλώσεων της ζωής, βρίσκουμε την ολότητα του Ενός, του Δημιουργού-Θεού, που εκδηλώνεται σε όλες τις μορφές ζωής.

Κεφάλαιο 17: Εξερευνώντας τα μυστήρια της ύπαρξης

Στις πιο πυκνές και προκλητικές μορφές της ύπαρξης παρατηρούμε την εκδήλωση της αρνητικής πολικότητας του Θεού, ενώ οι υψηλότερες μορφές αντανακλούν τη θετική πολικότητα. Μαζί, αυτές οι εκδηλώσεις επιτρέπουν στον Δημιουργό, ο οποίος δεν πρέπει να συγχέεται με τον Θεό του μονοθεϊσμού, να εκφράζεται με την πάροδο του χρόνου και στις πολλαπλές διαστάσεις της ύπαρξης. Για τον Δημιουργό του Σύμπαντος, δεν υπάρχει η έννοια του χρόνου ή του χώρου- αντίθετα, υπάρχει μια μοναδική στιγμή διευρυμένης συνείδησης. Αυτή είναι μια πραγματικότητα που τα ανθρώπινα όντα, περιορισμένα από τη φυσική τους μορφή, δυσκολεύονται να κατανοήσουν, γι' αυτό και πολλοί Γνωστικοί έβλεπαν το ανθρώπινο σώμα ως τάφο. Γι' αυτούς, η απελευθέρωση μπορούσε να επιτευχθεί μόνο μέσω του θανάτου, όταν η ένωση με τον Δημιουργό υπερβαίνει τους περιορισμούς του φυσικού σώματος.

Από αυτή την κατανόηση προέρχεται η ιδέα ότι ο Δημιουργός είναι ένας και πανταχού παρών. Είναι η ίδια η δημιουργία, που υπάρχει μέσα και έξω από εμάς, καθώς και σε όλα τα πλάσματα, συμπεριλαμβανομένων εκείνων που θεωρούνται άσχημα, αδαή ή βίαια. Γνωρίζει τις σκέψεις, τα συναισθήματα και τα κίνητρά μας, λειτουργεί ως ο ανώτατος κριτής και επίσης ενσαρκώνει το έλεος, ειδικά όταν μετανοούμε και στρεφόμαστε προς Αυτόν. Πολλές ιδέες που προωθούνται από τη θρησκεία περιέχουν αυτά και άλλα στοιχεία της αλήθειας, αλλά συχνά διαστρεβλώνονται για τη διάδοση ψευδών διδασκαλιών.

Ακόμη και χωρίς θρησκεία, η ανθρωπότητα παραμένει συνδεδεμένη με τον Δημιουργό. Φαίνεται ότι ο Δημιουργός θέλει τα δημιουργήματά Του να εξελίσσονται και να βελτιώνονται, τόσο μέσα από τις δικές τους προσπάθειες όσο και σε σχέση μεταξύ τους. Αυτό υποδηλώνει ότι ο Δημιουργός είναι υπέρ της ζωής, αν και αποδέχεται τον θάνατο ως μέρος της φυσικής τάξης. Από αυτή την άποψη, τα γήινα ανθρώπινα όντα μπορεί να μη θεωρούνται σημαντικά, επειδή συχνά δεν σέβονται τον εαυτό τους, τους άλλους ή τον πλανήτη. Εκμεταλλευόμενοι, κακοποιώντας και μη σεβόμενοι όλες τις μορφές ζωής και περιμένοντας παθητικά τη σωτηρία αντί να προσπαθούν να τελειοποιηθούν, τα ανθρώπινα αυτά όντα γίνονται παράσιτα στη δημιουργία του Θεού. Μπορούν εύκολα να απομακρυνθούν για να δώσουν τη θέση τους σε όντα που είναι καλύτερα προετοιμασμένα και πιο ικανά να φροντίσουν τον πλανήτη.

Είμαστε όλοι δημιουργοί, όπως ακριβώς και οι εξωγήινοι, και εδώ είναι που η κατάσταση γίνεται συγκεχυμένη: έχουμε ξεχάσει τον ρόλο μας ως συνδημιουργοί και δεν κατανοούμε αυτή την αλήθεια. Η μόνη μας ελπίδα ως συν-δημιουργοί είναι να εφαρμόσουμε τους νόμους της αγάπης και της συμπόνιας. Πρέπει να υιοθετήσουμε το σύνθημα ότι είμαστε όλοι ένα και να προσπαθήσουμε να ζήσουμε μια ζωή αφιερωμένη στην καλοσύνη και την πνευματική ανάπτυξη μέσω της σοφίας και της αυστηρής μελέτης των νόμων της ζωής. Ωστόσο, μια από τις πιο εκπληκτικές ανακαλύψεις που έκανα μετά από τη μελέτη του θέματος των μαθησιακών δυσκολιών και την πολυετή μου ιδιότητα ως δασκάλα είναι ότι σχεδόν κανείς δεν καταλαβαίνει πραγματικά τα θέματα που ισχυρίζεται ότι πρεσβεύει στη θρησκεία του.

Αυτό ισχύει τόσο στην εκπαίδευση όσο και στη θρησκεία. Εκπαίδευσα τους μαθητές μου να εντοπίζουν τα κενά στις γνώσεις των δασκάλων τους και να κάνουν ερωτήσεις που τους έκαναν να σκέφτονται. Οι εκφράσεις στα πρόσωπα των μαθητών μου όταν συνειδητοποιούν, μέσω των τεχνικών μου, ότι οι καθηγητές τους συχνά δεν καταλαβαίνουν το θέμα είναι πραγματικά αποκαλυπτικές. Δεν είναι περίεργο που ο κόσμος βρίσκεται σε σύγχυση- αυτή είναι η πραγματικότητα στα λύκεια, στα πανεπιστήμια και στις θρησκευτικές κοινότητες. Στην πραγματικότητα, κατά τη διάρκεια της θητείας μου ως καθηγητής πανεπιστημίου, μου ήταν σχετικά εύκολο να αμφισβητήσω τις δηλώσεις άλλων εκπαιδευτικών, γεγονός που συχνά οδηγούσε σε συγκρούσεις. Αυτή η στάση προκάλεσε επίσης προστριβές με τους καθηγητές όταν ήμουν φοιτητής.

Το βασικό πρόβλημα είναι ότι οι άνθρωποι τείνουν να επαναλαμβάνουν αυτό που θεωρούν αληθινό χωρίς να το κατανοούν πλήρως, ακόμη και σε ακαδημαϊκό περιβάλλον. Οι περισσότεροι άνθρωποι λειτουργούν σαν αυτόματο μηχάνημα, οπότε λίγοι μπορούν να αναγνωρίσουν την ίδια συμπεριφορά στους άλλους. Ωστόσο, υπάρχουν ορισμένες φράσεις που μπορούν να μας οδηγήσουν στην αλήθεια, εφαρμόσιμες τόσο στην εκπαίδευση όσο και στη θρησκεία. Για παράδειγμα, πολλές γραφές αναφέρουν ότι μόνο η Μαρία Μαγδαληνή κατάλαβε πραγματικά τον Ιησού, γεγονός που υποδηλώνει ότι τα λόγια της είναι τα πιο αξιόπιστα για την κατανόηση της αληθινής του φύσης. Ο Ιησούς αναφέρεται να λέει: «Ευλογημένη Μαρία, την οποία θα ολοκληρώσω σε όλα τα μυστήρια» (Η Πίστις Σοφία) και «Της έδωσα εξουσία πάνω σε όλα τα πράγματα και τα παιδιά του φωτός» (Η Σοφία του Ιησού Χριστού).

Τα ευαγγέλια αυτά εξαιρέθηκαν από τη Βίβλο, διότι, αν συμπεριλαμβάνονταν, θα έδιναν στη Μαρία Μαγδαληνή απόλυτη εξουσία επί της χριστιανικής διδασκαλίας. Ένα τέτοιο σενάριο θα έθετε σε κίνδυνο τις αυθαίρετες αποφάσεις της Συνόδου της Νίκαιας, οι οποίες επιμένουν μέχρι σήμερα. Ο χριστιανισμός, στους διάφορους κλάδους του, είναι σε μεγάλο βαθμό μια εφεύρεση γεμάτη στρεβλώσεις. Για να ανακαλύψετε τις αληθινές διδασκαλίες του Χριστού, πρέπει να διαβάσετε τα χαμένα ευαγγέλια. Τα κείμενα αυτά θεωρούνταν χαμένα επειδή όποιος τα έβρισκε στην κατοχή του μπορούσε να κατηγορηθεί για βλασφημία και να εκτελεστεί.

Αυτό που έχει ανακαλυφθεί είναι μόνο αυτό που ήταν κρυμμένο. Μία από τις πιο αμφιλεγόμενες και αποκαλυπτικές πτυχές αυτών των ευαγγελίων είναι η δήλωση ότι ο Ιησούς «αγαπούσε τη Μαρία περισσότερο από τους άλλους μαθητές και συχνά τη φιλούσε στο στόμα» (Ευαγγέλιο του Φιλίππου). Αυτή η αποκάλυψη αποτελεί πρόκληση για τους σύγχρονους χριστιανούς, πολλοί από τους οποίους φαίνονται να μην αισθάνονται άνετα με την ιδέα μιας ρομαντικής σχέσης μεταξύ του Ιησού και της Μαρίας Μαγδαληνής. Αν και δεν υπάρχουν ουσιαστικές αποδείξεις ότι ο Ιησούς φίλησε άλλο άτομο, ορισμένοι μελετητές έχουν υποθέσει ότι μπορεί να ήταν ομοφυλόφιλος ή αμφιφυλόφιλος.

Κεφάλαιο 18: Οι πρώτοι χριστιανοί

Πολλοί Χριστιανοί ίσως δεν γνωρίζουν ότι ο Ιησούς είχε αδέρφια, και σύμφωνα με ορισμένα αρχαία γνωστικά κείμενα, είχε ακόμη και δίδυμο αδερφό. Η ιδέα αυτή εγείρει ερωτήματα σχετικά με τις ιστορίες που παρουσιάζουν σήμερα διάφορες χριστιανικές ομάδες. Μήπως ο δίδυμος αδελφός του τον αντικατέστησε στον σταυρό, ενώ ο Ιησούς ήταν σε φυγή; Μήπως δραπέτευσε από τη φυλακή επειδή κήρυττε μια φιλοσοφία αγάπης και συμπόνιας ή επειδή ενεπλάκη σε ακατάλληλες σχέσεις; Το Μάρκος 14:51-52 λέει: «Ένας νεαρός άνδρας ντυμένος μόνο με λινά ρούχα ακολουθούσε τον Ιησού. Όταν τον συνέλαβαν, το έσκασε γυμνός, αφήνοντας πίσω τα ρούχα του».

Η παιδεραστία ήταν μια συνηθισμένη πρακτική στην Αρχαία Ελλάδα, η οποία πιθανότατα επηρέασε τις ιστορίες στην Καινή Διαθήκη. Πολλές διάσημες προσωπικότητες της Αρχαίας Ελλάδας, όπως ο Σωκράτης, πιστεύεται ότι ασκούσαν παιδεραστία. Δεν θα ήταν περίεργο αν ο ελληνικός πολιτισμός επηρέασε τις ιστορίες που δημιούργησαν, κάνοντάς μας να αναρωτηθούμε αν αυτή η μυθική φιγούρα -που υποτίθεται ότι περπάτησε στο νερό, θεράπευσε τυφλούς και ανέστησε νεκρούς- υπήρξε πραγματικά. Σύμφωνα με την

Καινή Διαθήκη, μπορεί επίσης να ασκούσε παιδεραστία, κάτι που οι μεταφραστές σκόπιμα επανερμήνευσαν.

Ωστόσο, φαίνεται ότι πολλοί άνθρωποι σήμερα έχουν μεγαλύτερη εμμονή με τις παρανοήσεις τους παρά με την αλήθεια. Σε ορισμένες περιπτώσεις, αισθάνονται προσβεβλημένοι όταν έρχονται αντιμέτωποι με την πραγματικότητα ότι ο Ιησούς δεν ήταν λευκός, αλλά μάλλον έμοιαζε με τους ανθρώπους που τείνουν να αποφεύγουν στους δρόμους της Ευρώπης και των ΗΠΑ. Πολλοί Χριστιανοί είναι πεπεισμένοι ότι ένας ξανθός, γαλανομάτης, κοντοκουρεμένος άνδρας που έμοιαζε με Ιταλό ή Άγγλο περπατούσε στο Ισραήλ, έκανε θαύματα και περνούσε απαρατήρητος, εκτός από δώδεκα οπαδούς του.

Μια άλλη συναρπαστική πτυχή του Ιησού που συχνά παραβλέπεται είναι το γεγονός ότι του άρεσαν οι κοινωνικές συναθροίσεις. Δεν μετέτρεψε το νερό σε τσάι ή χυμό πορτοκαλιού, αλλά σε κρασί, γεγονός που υποδηλώνει ότι δεν είχε κανέναν ενδοιασμό να διασκεδάσει τους ανθρώπους. Μήπως οι Έλληνες προσπαθούσαν να ικανοποιήσουν τις επιθυμίες των μαζών με αυτές τις ιστορίες; Το ψωμί και το κρασί συνεχίζουν να αποτελούν πολύτιμα στοιχεία στη σύγχρονη ευρωπαϊκή κουλτούρα, αν και οι επανερμηνείες της Βίβλου μπορεί να απαιτούν τη συμπερίληψη του κατσικίσιου τυριού για να έχουν μεγαλύτερη απήχηση στους Ευρωπαίους χριστιανούς, οι οποίοι προτιμούν τις αναπαραστάσεις της δικής τους ταυτότητας.

Οι αρχαίοι Γνωστικοί πίστευαν ότι η Μαρία Μαγδαληνή, όπως και άλλοι, κατέφυγε στη νότια Γαλλία μετά τη σταύρωση. Πιστεύεται ότι σχημάτισε μια ομάδα που ονομάστηκε Καθαροί. Οι Καθαροί θεωρούνταν οι πραγματικοί κληρονόμοι των διδασκαλιών του Χριστού και γι' αυτό διώχθηκαν και τελικά εξαλείφθηκαν από το

Βατικανό. Στις 13 Μαΐου 1239, η Ιερά Εξέταση καταδίκασε 183 Καθαρούς άνδρες και γυναίκες στην πυρά και τα θρησκευτικά τους κείμενα καταστράφηκαν. Οι Καθαροί έκαναν αρκετές προσπάθειες να αναδιοργανωθούν και να στρατολογήσουν περισσότερους οπαδούς, αλλά η αναβίωσή τους έληξε με την εκτέλεση του τελευταίου ηγέτη τους, του Peire Autier, τον Απρίλιο του 1310. Ο τελευταίος γνωστός Καθαρός, ο Guillaume Bélibaste, εκτελέστηκε το φθινόπωρο του 1321.

Μετά από αυτά τα γεγονότα, οι Καθαροί εξαφανίστηκαν από τη δημόσια θέα και πέρασαν στην παρανομία. Πολλοί πιστεύουν ότι οι διδασκαλίες των Καθαρών επηρέασαν τον Ροδόσταυρο. Ο σύγχρονος Ροδόσταυρος αντιπροσωπεύει μια αναβίωση της πίστης των Καθαρών, σε συνδυασμό με στοιχεία των αιγυπτιακών σχολείων μυστηρίου και των πυθαγόρειων σπουδών. Μπορεί να θεωρηθεί ως μια αδέξια προσπάθεια επανερμηνείας και αναβίωσης χαμένων γραπτών. Ο Τεκτονισμός ιδρύθηκε αργότερα από τους Ροδόσταυρους, μαζί με πολλά αποκαλούμενα παρακλάδια των Ιλλουμινάτι. Αυτές οι ομάδες προέκυψαν από παρόμοιες προσπάθειες κατανόησης του παρελθόντος. Τους δόθηκε ο τίτλος «φωτισμένοι» λόγω της φύσης των σπουδών τους, οι οποίες αφορούσαν την κατανόηση αρχαίων διδασκαλιών που είχαν κατασταλεί από τις δυνάμεις του σκότους, που συμβολίζονται από την άγνοια και τη θεσμοθέτησή της με τη μορφή του Ρωμαιοκαθολικισμού.

Για τα άτομα αυτά, ο Πάπας θεωρούνταν ως προφανής εκπρόσωπος του αντίχριστου, που δρούσε ενάντια στην αλήθεια και τον διαφωτισμό. Τα κινήματα αυτά εμπνεύστηκαν από την Αναγέννηση, ένα πολιτιστικό κίνημα που καθοδηγήθηκε από σημαίνουσες προσωπικότητες όπως ο Λεονάρντο ντα Βίντσι, ο Μιχαήλ

Άγγελος Μπουοναρότι, ο Ραφαήλ Σάντσιο, ο Τόμας Μορ, ο Νικόλαος Κοπέρνικος, ο Γαλιλαίος Γαλιλέι, ο Ουίλιαμ Σαίξπηρ, ο Παράκελσος και ο Τζορντάνο Μπρούνο, μεταξύ πολλών άλλων. Ωστόσο, η Αναγέννηση αντιμετώπισε την καταστολή από το Βατικανό, η οποία είχε ως αποτέλεσμα τη δολοφονία πολλών αξιόλογων προσωπικοτήτων επειδή τάχθηκαν κατά των δογμάτων της θεσμοθετημένης θρησκείας και της θρησκευτικής μισαλλοδοξίας. Έτσι, προέκυψε η ανάγκη για αποκρυφιστικές ομάδες, όπως οι Μασόνοι και οι Ροδόσταυροι, ως απάντηση σε αυτές τις διώξεις. Ήταν επίσης εκείνη την εποχή που άρχισε να ριζώνει η Προτεσταντική Μεταρρύθμιση.

Σήμερα, μεγάλο μέρος αυτής της ιστορίας έχει χαθεί και πολλές ομάδες έχουν επιστρέψει στις αρχικές καθολικές διδασκαλίες, διαιωνίζοντας την αφήγηση που προωθεί το Βατικανό. Εν τω μεταξύ, η ροδόσταυρη σχολή AMORC και οι μασόνοι διατηρούν τελετουργίες που φαίνεται να αναβιώνουν πρακτικές από την αρχαία Αίγυπτο. Ένα από αυτά τα έθιμα είναι η χρήση ποδιάς. Πολλά αιγυπτιακά ιερογλυφικά απεικονίζουν τους εξωγήινους «θεούς» τους να φορούν ποδιές και οι ιερείς της αρχαίας Αιγύπτου φορούσαν παρόμοιες ποδιές ως ένδειξη υποταγής στους «θεούς» και ως σήμα της εξουσίας τους.

Κεφάλαιο 19:
Χριστιανισμός και πραγματικότητα

Ο χριστιανισμός μοιάζει όλο και περισσότερο αποκομμένος από την πραγματικότητα. Πολλοί λεγόμενοι «αναγεννημένοι χριστιανοί» συζητούν τα γνωστικά κείμενα σαν να ήταν έργο του διαβόλου και να αντιτίθενται στον χριστιανισμό. Στην πραγματικότητα, τα Γνωστικά κείμενα αποκαλύπτουν τη μαζική εξαπάτηση στην οποία έχει μετατραπεί ο Χριστιανισμός, ανεξάρτητα από την εκδοχή της ιστορίας που επιλέγει κανείς να ακολουθήσει. Είναι εκπληκτικό το πώς αυτοί οι Χριστιανοί που ισχυρίζονται ότι ακολουθούν την αληθινή διδασκαλία σε αντίθεση με το Καθολικό δόγμα αρνούνται την προέλευσή τους, γνωρίζουν ελάχιστα για τους Καθαρούς, απορρίπτουν τη Μαρία Μαγδαληνή ως την αγαπημένη μαθήτρια του Χριστού και κάνουν κατάχρηση των λέξεων για να μπερδέψουν τις μάζες σχετικά με την αλήθεια αντί να την αντιπροσωπεύουν.

Ο καθένας έχει το δικαίωμα να πιστεύει ό,τι θέλει, αλλά είναι αποκαρδιωτικό να βλέπω τόσους πολλούς χριστιανούς να προσπαθούν να με πείσουν για ψέματα και να συμπεριφέρονται παιδαριωδώς όταν τους αποδεικνύω ότι κάνουν λάθος. Δεν μπορούν να συμμετάσχουν σε έναν ειλικρινή διάλογο, εκτός αν το άτομο που έχουν απέναντί τους είναι πολύ αφελές για να αντιληφθεί την εξαπάτησή τους. Αντ' αυτού, όπως τα παιδιά, συνήθως σταματούν να μου μιλούν όταν συνειδητοποιούν ότι δεν έχουν επιχειρήματα για να αντικρούσουν τα δικά μου. Με ανέχονται μόνο όταν αισθάνονται καλύτερα ενημερωμένοι.

Παρόλο που δεν έχω συγκεκριμένες θρησκευτικές πεποιθήσεις και δεν αναγκάζω κανέναν να δεχτεί κάτι που δεν θέλει να πιστέψει, είναι παράλογο να παρουσιάζω ψεύδη και μετά να υποχωρώ όταν αποκαλύπτω τα ψέματα. Οι περισσότεροι άνθρωποι των αβρααμικών θρησκειών φαίνεται να έχουν ένα γνωστικό επίπεδο παρόμοιο με αυτό ενός παιδιού, ανίκανοι να αντιμετωπίσουν την παρουσία κάποιου που δεν θα δεχτεί ποτέ τις δεισιδαιμονίες και τις φαντασιώσεις τους. Αυτά τα άτομα είναι τόσο βαθιά υπνωτισμένα από τη θρησκεία τους που δεν μπορούν να δουν πέρα από τα ψέματα που τους έχουν πει, ειδικά όταν έχουν αφιερώσει τη ζωή τους σε αυτές τις απάτες και μάλιστα έχουν παντρευτεί μέσα στις κοινότητές τους.

Έχουν εμπλακεί πολύ συναισθηματικά για να αφήσουν τα ψέματα και προτιμούν να προσκολλώνται σε αυτά μέχρι να πεθάνουν. Όπως έχω παρατηρήσει πολλές φορές, κάποιοι δεν πιστεύουν πραγματικά αυτά που τους λένε- απλώς προσποιούνται προκειμένου να κρατούν τις οικογένειές τους ευτυχισμένες και να διασκεδάζουν. Ωστόσο, το Ευαγγέλιο του Φιλίππου, μέρος των γραφών του Ναγκ Χαμάντι, είναι πολύ ξεκάθαρο όταν αναφέρει: «Ο Κύριος αγαπούσε τη Μαρία περισσότερο από τους μαθητές, και συχνά τη φιλούσε στο στόμα». Αυτό το χωρίο υποδηλώνει ότι η Μαρία Μαγδαληνή ήταν ισότιμη με τον Ιησού, μια κατ' εξοχήν μυημένη, και το φιλί συμβολίζει αυτή τη βαθιά κοινωνία. Το φιλί αντιπροσωπεύει την πνοή της γνώσης που μεταδίδει ο Ιησούς στη Μαρία Μαγδαληνή, ορίζοντάς την ως αναμεταδότη και νέο αγγελιοφόρο του μετά το θάνατό του.

Αυτή η ερμηνεία είναι αρκετά προφανής, αλλά οι περισσότεροι χριστιανοί δεν τη βλέπουν, επειδή οι ιεροκήρυκές τους δεν τη διδάσκουν. Αυτοί οι άνθρωποι είναι τυφλωμένοι από τις μορφές εξουσίας και τα δόγματα, γεγονός που τους καθιστά ανίκανους να σκεφτούν μόνοι τους. Αυτή η ανικανότητα να δουν βαθύτερα νοήματα είναι ιδιαίτερα εμφανής όταν συζητάμε ορισμένα χωρία για τους αγγέλους με χριστιανούς. Για παράδειγμα, έχω διαβάσει αποσπάσματα από το Ευαγγέλιο του Ιούδα σε Χριστιανούς και τους ρώτησα τι σκέφτονται για τους αγγέλους που ταξιδεύουν πάνω σε σύννεφα. Η απάντηση ήταν συνήθως: «Λοιπόν, πρόκειται για έναν άγγελο που πετάει πάνω σε ένα σύννεφο. Τι άλλο υποτίθεται ότι πρέπει να σκεφτώ;» Όταν τους ρωτούσα αν δεν πιστεύουν ότι μπορεί να πρόκειται για εξωγήινους, απαντούσαν αμέσως: «Α, είσαι από αυτούς που πιστεύουν στους εξωγήινους; Ω ναι!»

Γι' αυτούς, φαίνεται πολύ πιο εύλογο να πιστεύουν σε φτερωτά όντα που πετούν σε σύννεφα που περιβάλλονται από φωτεινά αστέρια παρά να διασκεδάζουν με την ιδέα της εξωγήινης ζωής. Αυτή η προτίμηση στις φανταστικές αφηγήσεις έναντι των λογικών ερμηνειών αναδεικνύει μια ανησυχητική γνωστική αποσύνδεση. Πολλοί προτιμούν να ακούνε για κινούμενους ήλιους και κατευθυνόμενα αστέρια από το να εξετάζουν τις συνέπειες της προηγμένης εξωγήινης τεχνολογίας. Η ιδέα ενός Θεού που πετάει μέσα από τα σύννεφα είναι πιο αποδεκτή για πολλούς από την ιδέα ενός εξωγήινου διαστημόπλοιου, αναδεικνύοντας τους γνωστικούς περιορισμούς της πλειοψηφίας. Για αυτούς τους Χριστιανούς είναι ακόμη πιο δύσκολο να αντιμετωπίσουν αυτό που λέει η ίδια τους η Βίβλος για τον Θεό, τον οποίο συχνά συγχέουν με τον πραγματικό Θεό.

Σύμφωνα με πολλούς ερωτηθέντες, οι εξωγήινοι έχουν διαφορετικές θρησκευτικές πεποιθήσεις από τις δικές μας. Πιστεύουν σε έναν «Δημιουργό» παρόμοιο με αυτόν για τον οποίο μίλησε ο Ιησούς και, όπως ο Ιησούς, βλέπουν όλη την ανθρωπότητα ως παιδιά του ίδιου Δημιουργού. Δεν λατρεύουν αγγέλους, θεούς ή αγίους. Αυτή η προοπτική συνάδει με τον Βουδισμό, ο οποίος έχει επίσης μια ενοποιητική δύναμη παρόμοια με το Άγιο Πνεύμα στον Καθολικισμό. Αυτή η ευφυής δημιουργία λειτουργεί σύμφωνα με τη δική της θέληση και τους δικούς της νόμους, οι οποίοι μπορούν να παρατηρηθούν στη φύση και το σύμπαν.

Αυτό δεν σημαίνει, ωστόσο, ότι ένα ψευδές σύστημα πεποιθήσεων δεν μπορεί να παράγει αποτελέσματα. Για παράδειγμα, μια γυναίκα στις Φιλιππίνες προσευχόταν επί τέσσερα χρόνια σε έναν χαρακτήρα κινουμένων σχεδίων που ονομαζόταν Σρεκ, πιστεύοντας ότι ήταν ο Βούδας. Παρομοίως, πολλοί βουδιστές στην Ταϊλάνδη, την Κίνα και άλλες περιοχές προσεύχονται σε μυθολογικές μορφές που δεν υπήρξαν ποτέ, θεωρώντας ότι αυτό αποτελεί νόμιμη μορφή θρησκευτικής πρακτικής. Σε ορισμένες χώρες, όπως έχω ήδη σημειώσει, προσεύχονται στην ίδια τους την αριστοκρατία.

Κεφάλαιο 2Ο: Η αλήθεια εν μέσω αντιφάσεων

Π αρά τις αντιφάσεις που υπάρχουν στις πολλές θρησκείες του κόσμου, φαίνεται να υπάρχει μια προδιάθεση μεταξύ του πληθυσμού να λατρεύει κάτι, ίσως ένα κατάλοιπο της καταγωγής τους ως όντα υποταγμένα σε εξωγήινες οντότητες. Ο Βούδας δίδαξε το μονοπάτι προς τη φώτιση και τόνισε ότι το να είσαι Βουδιστής σημαίνει να καλλιεργείς αυτό το μονοπάτι μέσα σου και όχι να λατρεύεις ένα άγαλμα. Παρομοίως, η λατρεία των αγελάδων δεν είναι εγγενώς συνδεδεμένη με τον Ινδουισμό, αλλά πολλοί Ινδουιστές ασχολούνται με την πρακτική αυτή. Το Ισλάμ δεν υποστηρίζει τους αποκεφαλισμούς ή τις ατελείωτες συγκρούσεις με τους χριστιανούς, αλλά ορισμένα άτομα αυτής της πίστης το κάνουν. Η Σαηεντολογία δεν προτείνει τη φιλία με κάποιον μόνο αν πληρώσει για μια υπηρεσία, αλλά αυτή η συμπεριφορά παρατηρείται συχνά. Οι Μασόνοι και οι Ροδόσταυροι ισχυρίζονται ότι είναι οι πιο περιεκτικές οργανώσεις, αλλά αυτή η συμπερίληψη συχνά αποκλείει πολύ έξυπνα ή περίεργα άτομα. Προτιμούν άτομα που είναι λιγότερο πιθανό να αμφισβητήσουν τις διδασκαλίες τους, ακόμη και όταν οι ερωτήσεις αυτές αποκαλύπτουν ψέματα ή παρερμηνείες.

Αυτό το σενάριο επικρατεί σε πολλά συστήματα πεποιθήσεων, γι' αυτό και δεν υπάρχουν θρησκείες που να βασίζονται στην αληθινή γνώση. Όλες οδηγούνται από εγωιστικές υποθέσεις, σκοταδισμό, αλαζονεία και άγνοια. Εκείνοι που θεωρούν τους εαυτούς τους σημαντικούς συχνά βλέπουν εκείνους που γνωρίζουν καλύτερα ως απειλή. Είναι ένα ψυχολογικό τέχνασμα που χρησιμοποιεί ο νους όταν δεν μπορεί να αντιμετωπίσει τους δικούς του περιορισμούς, που καλύπτονται από το εγώ. Οι αλαζόνες δεν θα συνειδητοποιήσουν ποτέ αυτό που δεν θέλουν να καταλάβουν, λόγω της έλλειψης ταπεινότητας και προθυμίας τους να μάθουν.

Αυτό δεν σημαίνει, ωστόσο, ότι δεν μπορούμε να ανακαλύψουμε αλήθειες μέσα στο δόγμα. Καθώς η ανθρώπινη φύση έχει παραμείνει σταθερή επί χιλιάδες χρόνια, πολλές ιστορίες και διδασκαλίες εξακολουθούν να ισχύουν. Επιπλέον, αν προσευχηθείτε στον Δημιουργό και θεωρήσετε την έννοια του Αγίου Πνεύματος ως παρέμβαση του Δημιουργού μέσω εσάς, αναγνωρίζοντας τον εαυτό σας ως συνδημιουργό της πραγματικότητάς σας, μπορεί αρχικά να σας φανεί συγκεχυμένο, αλλά αυτή η προοπτική μπορεί να οδηγήσει σε μια βαθύτερη κατανόηση του τρόπου με τον οποίο η θρησκεία έχει καπηλευτεί την αλήθεια.

Δημιουργώντας, ενσαρκώνετε τον ρόλο του δημιουργού-παρεμβαίνοντας στη ζωή κάποιου άλλου μέσω πράξεων ή σκέψεων, ενεργείτε ως θεός. Ο Δημιουργός-Θεός είναι μια ευρύτερη και βαθύτερη ερμηνεία αυτής της έννοιας. Οι άγγελοι, οι εξωγήινοι, οι ψυχές των αποθανόντων και διάφορες άλλες οντότητες που πολλοί ερμηνεύουν ως εκδηλώσεις του Θεού αποτελούν μέρος ενός συμπαντικού φάσματος ζωής. Οι άνθρωποι που ισχυρίζονται ότι επικοινωνούν με τον Θεό μπορεί στην πραγματικότητα να επικοινωνούν με νεκρές ψυχές ή να λαμβάνουν τηλεπαθητικά μηνύματα από εξωγήινους.

Είναι σημαντικό να σημειωθεί, ωστόσο, ότι δεν έχουν όλες οι οντότητες καλοπροαίρετες προθέσεις. Πολλοί άνθρωποι δεν έχουν τη διάκριση να το αναγνωρίσουν αυτό, ειδικά όταν θεωρούν ότι οι θρησκευτικές τους πεποιθήσεις εγγυώνται ότι όλα όσα ακούν και σκέφτονται προέρχονται από τον Θεό. Αυτή η παραδοχή μπορεί να κάνει τον μέσο χριστιανό πιο επιρρεπή στη δαιμονική κατοχή, καθώς πιστεύει ότι βρίσκεται σε άμεση επικοινωνία με τη θεότητά του. Από αυτή την άποψη, είναι ενδιαφέρον να σημειωθεί ότι ο διαλογισμός, που συχνά περιγράφεται από τους Χριστιανούς ως πύλη εισόδου σε δαιμονικές οντότητες και δαιμονισμούς, μπορεί να είναι μια από τις πιο αποτελεσματικές μεθόδους για την αναγνώριση του θεϊκού εαυτού μέσα μας και την επίτευξη μιας πιο καθαρής μορφής επικοινωνίας με την Πηγή, δηλαδή τον αληθινό Θεό, τον Δημιουργό του σύμπαντος.

Μέσω του διαλογισμού, οι άνθρωποι μπορούν να υπερβούν τα δόγματα και να αρχίσουν να αποκαλύπτουν τα ψέματα που τους έχουν πει. Ο διαλογισμός καθιστά επίσης δυνατή την αναγνώριση της εκδήλωσης του Τρίτου Ματιού. Το άνοιγμα του Τρίτου Ματιού επιτρέπει στο άτομο να δει τι ήταν προηγουμένως κρυμμένο πίσω από λέξεις, παρερμηνείες και έννοιες, καθώς και ψέματα και ψευδείς διδασκαλίες. Στον Βουδισμό, ο διαλογισμός δεν είναι απλώς μια πράξη κένωσης του νου, αλλά μια μέθοδος ένωσης με τον Δημιουργό του σύμπαντος. Η πρακτική έχει ως στόχο να μας απαλλάξει από τις κρίσεις, τα δόγματα και τις σκέψεις που εμποδίζουν αυτή τη διαδικασία. Πώς είναι δυνατόν να μάθουμε χωρίς την απαραίτητη διάθεση;

Η πρόκληση στον κόσμο μας είναι ότι πολλοί άνθρωποι απέχουν πολύ από την αλήθεια εξαιτίας των ψεμάτων που τους έχουν πει και συχνά απορρίπτουν την αλήθεια όταν τους παρουσιάζεται. Για να κατανοήσουμε τις διδασκαλίες του Ιησού, είναι απαραίτητο να μελετήσουμε τα Ευαγγέλια του Ναγκ Χαμάντι, ιδιαίτερα τις αναφορές στη Μαρία Μαγδαληνή, την οποία ο Ιησούς θεωρούσε την πιο σοφή από τους οπαδούς του. Τα Ευαγγέλια της Βίβλου έχουν παρερμηνευτεί και μεταφραστεί λάθος τόσες πολλές φορές που πολλά έχουν χαθεί στη μετάφραση, δημιουργώντας σύγχυση και λανθασμένες υποθέσεις. Μεγάλο μέρος αυτού που οι άνθρωποι θεωρούν σήμερα Χριστιανισμό είναι στην πραγματικότητα μια μεσαιωνική ερμηνεία. Αν οι άνθρωποι σήμερα δυσκολεύονται να κατανοήσουν αυτά τα κείμενα, μπορούμε να φανταστούμε τις δυσκολίες που αντιμετώπιζαν όσοι προσπαθούσαν να τα κατανοήσουν πριν από χιλιάδες χρόνια, όταν ο αλφαβητισμός ήταν σπάνιος.

Κεφάλαιο 21: Από τις Γραφές στην Αποκάλυψη

Η ιστορική εμμονή με τη Βίβλο είναι ένα φαινόμενο που έχει τις ρίζες του στην περιορισμένη διαθεσιμότητα των κειμένων επί αιώνες. Τα γραπτά που έγιναν τελικά η Αγία Γραφή ήταν από τα λίγα διαθέσιμα, και κάθε νέα πληροφορία που προέκυπτε συχνά αποσιωπήθηκε, με αποτέλεσμα να επικρατεί εκτεταμένη άγνοια. Μόνο όσοι καταλάβαιναν λατινικά ή ελληνικά μπορούσαν να ερμηνεύσουν τα πρωτότυπα κείμενα, τα οποία συνήθως φυλάσσονταν σε μοναστήρια και ήταν απρόσιτα στο ευρύ κοινό. Σήμερα, ο καθένας μπορεί εύκολα να κατεβάσει αυτά τα κείμενα στο τηλέφωνό του και να τα διαβάσει οπουδήποτε, αλλά πολλοί επιλέγουν να μην το κάνουν λόγω έλλειψης ενδιαφέροντος. Οι άνθρωποι γενικά προτιμούν να τους λένε τι να σκεφτούν, γεγονός που προκαλεί έκπληξη δεδομένου του μεγάλου αριθμού μεταφράσεων των πρωτότυπων χριστιανικών κειμένων που είναι σήμερα διαθέσιμες.

Χάρη στην τεχνητή νοημοσύνη και τις διάφορες διαδικτυακές εφαρμογές μετάφρασης, ο καθένας μπορεί εύκολα να μεταφράσει τα πρωτότυπα κείμενα και να κάνει τις δικές του ερμηνείες, χωρίς να ακολουθεί τυφλά τα επιβαλλόμενα δόγματα. Ωστόσο, αυτή η προσέγγιση απαιτεί μια αλλαγή στην αντίληψή μας για τη θρησκεία και τη δική μας πνευματική πρόοδο. Μόνο τις τελευταίες δεκαετίες το πέπλο έχει αρχίσει να σηκώνεται, επιτρέποντας στους ανθρώπους να ρίξουν μια ματιά σε αυτό που προηγουμένως ήταν κρυμμένο. Καθώς όλο και περισσότερα αρχαιολογικά στοιχεία και έρευνες DNA έρχονται στο φως, αποκτούμε βαθύτερη κατανόηση της αληθινής μας φύσης, της προέλευσής μας και του σκοπού της δημιουργίας μας.

Αν και η επιστήμη βρίσκεται ακόμη στα σπάργανα, οι σημαντικές ανακαλύψεις των τελευταίων ετών έχουν καταστήσει πολλά υπάρχοντα βιβλία παρωχημένα. Θυμάμαι μια φορά που οι μαθητές στην τάξη μου μου έκαναν ερωτήσεις για τη βιολογία και εξεπλάγησαν από τις απαντήσεις μου, οι οποίες έρχονταν σε αντίθεση με όσα είχε διδάξει ο δάσκαλος. Έκαναν τη δική τους έρευνα και συγκρίσεις και συνειδητοποίησαν ότι εγώ είχα δίκιο και ο δάσκαλος έκανε λάθος. Όταν ήρθαν αντιμέτωποι, η καθηγήτρια δυσκολεύτηκε να απαντήσει, επειδή ακολουθούσε το σχολικό βιβλίο. Οι μαθητές σοκαρίστηκαν και με ρώτησαν στην επόμενη τάξη: «Πώς είναι δυνατόν να γνωρίζετε περισσότερα από τη δασκάλα μας της βιολογίας, η οποία δεν είναι καν ο τομέας της ειδικότητάς σας;».

Τους απάντησα: «Η απάντηση είναι απλή. Εγώ μαθαίνω πάντα για νέες ανακαλύψεις, ενώ η καθηγήτριά σας επαναλαμβάνει το ίδιο εγχειρίδιο εδώ και δεκαετίες - πιθανότατα το ίδιο που της ανέθεσαν οι δικοί της καθηγητές. Αυτό αντιπροσωπεύει δεκαετίες άγνοιας σε σύγκριση με την πρόοδο των τελευταίων ετών».

Όπως έχω παρατηρήσει συχνά, ο κόσμος αλλάζει πολύ γρήγορα για πολλούς ανθρώπους που υπνοβατούν στη ζωή. Συχνά ξυπνούν πολύ αργά για να αντιμετωπίσουν τους δικούς τους εφιάλτες, επειδή παρέμειναν αδαείς για πολύ καιρό. Αυτό ίσως εξηγεί γιατί αρνούνται να ξυπνήσουν και αντ' αυτού προσβάλλουν όσους, όπως εγώ, αμφισβητούν τις πεποιθήσεις τους. Με έχουν προσβάλει άνθρωποι από κάθε θρησκευτική ομάδα που έχω συναντήσει, επειδή πολλοί προτιμούν να παραμένουν αδαείς παρά να ξυπνούν στην αλήθεια. Δίνουν προτεραιότητα στην αποδοχή και στην ανάγκη να αισθάνονται σημαντικοί αντί να αναζητούν την αλήθεια. Σε αυτό το πλαίσιο, ο μέσος άνθρωπος φαίνεται εσκεμμένα αδαής.

Η άγνοια αποτελεί μεγάλη πρόκληση όχι μόνο για τους θρησκευόμενους ανθρώπους, αλλά και για τους επιστήμονες. Πολλοί επιστήμονες είναι δογματικοί στις πεποιθήσεις τους για παρόμοιους λόγους με τους θρησκευόμενους ανθρώπους. Συχνά προβληματίζονται από τα γραπτά και τα αρχαιολογικά ευρήματα στον Άρη και τη Σελήνη, καθώς οι ανακαλύψεις αυτές αμφισβητούν την κατανόησή τους για την ανθρώπινη εξέλιξη και την ιστορία των πολιτισμών. Η πιθανότητα εξωγήινης παρέμβασης υπονομεύει την έννοια του γραμμικού χρονοδιαγράμματος και της προόδου, όπως περιγράφεται σε πολλά επιστημονικά κείμενα.

Αυτή η γραμμική ερμηνεία είναι επίσης διαδεδομένη μεταξύ των θρησκειολόγων, οι οποίοι συχνά αγνοούν την πολύπλοκη αλληλεπίδραση μεταξύ ιστορικών αληθειών, θρησκευτικών ερμηνειών και της ανθρώπινης τάσης να προσκολλάται κανείς σε πεποιθήσεις και φαντασιώσεις που μπορεί να μην συνάδουν με την πραγματικότητα. Οι άνθρωποι σε αυτόν τον πλανήτη δεν είναι προετοιμασμένοι να αντιμετωπίσουν μια πλήρη κατάρρευση των πεποιθήσεών τους, γεγονός που καθιστά τη σχέση μεταξύ επιστήμης και θρησκείας πιο περίπλοκη. Οι άνθρωποι έχουν μια φυσική τάση προς την απλότητα και όσο λιγότερο ενημερωμένοι είναι, τόσο περισσότερο κλίνουν προς απλοϊκές εξηγήσεις. Ωστόσο, οι ζωές μας είναι συγκεχυμένες και η ιστορία μας είναι περίπλοκη, σημαδεμένη από την επιρροή διαφόρων εξωγήινων όντων καθ' όλη τη διάρκεια της διαδρομής μας ως είδος.

Η θετική πτυχή αυτού του γεγονότος είναι ότι, αν εξετάσουμε την έννοια της αποκάλυψης, όπως περιγράφεται στη Βίβλο, μπορούμε να συμπεράνουμε ότι ζούμε σήμερα σε μια τέτοια εποχή. Είμαστε εκτεθειμένοι σε πολλές αλήθειες που προηγουμένως ήταν κρυμμένες από εμάς. Σήμερα, δεν είναι οι αδαείς που δεν μπορούν να δουν, αλλά οι τυφλοί: εκείνοι που είναι αλαζόνες, ανίκανοι να σκεφτούν μόνοι τους και γεμάτοι λανθασμένες ιδέες και υποθέσεις. Ο όρος «αποκάλυψη» σημαίνει αποκάλυψη και αναφέρεται στην αποκάλυψη της φανερής αλήθειας σε όσους είναι πρόθυμοι να μάθουν. Είναι κάτι θετικό, όχι κάτι κακό, όπως συνήθως παρουσιάζεται στους θρησκευτικούς κύκλους.

Κεφάλαιο 22: Πνευματικές πεποιθήσεις

Ο μυστικισμός γύρω από τον Ιησού συνδέεται με την Εποχή των Ιχθύων, η οποία έληξε το 2020. Κατά τη διάρκεια αυτής της περιόδου, ο κόσμος ενώθηκε κάτω από έναν κοινό φόβο, καθώς ο φόβος χρησιμεύει ως ισχυρή πολωτική δύναμη, το ακριβώς αντίθετο της αγάπης, ένας όρος που συχνά χρησιμοποιείται λανθασμένα και υπερβολικά χωρίς σωστή κατανόηση στη σημερινή κοινωνία. Η έννοια της αγάπης έχει χρησιμοποιηθεί για να περιγράψει τη συμπόνια και την ενσυναίσθηση, οι οποίες φαίνεται να έχουν ελάχιστη σημασία στον σημερινό εγωιστικό και ναρκισσιστικό κόσμο.

Καθώς ο ναρκισσισμός αυξάνεται, η διάκριση μεταξύ ναρκισσιστών και ενσυναισθητικών γίνεται πιο έντονη, αποκαλύπτοντας εκείνους που ευνοούνται από τον Δημιουργό - τους εκλεκτούς - και εκείνους που έχουν αγκαλιάσει το σκοτάδι. Η αντίθεση ανάμεσα στο φως και το σκοτάδι, ή τους εκλεκτούς και τους απορριπτόμενους, δεν θα μπορούσε να είναι πιο εμφανής. Οι εκλεκτοί υπερβαίνουν τα δόγματα και τη συμμετοχή σε θρησκευτικές οργανώσεις. Είναι ευγενικοί, ικανοί να βλέπουν τους άλλους μέσα από την ψυχή τους, όχι από το χρώμα του δέρματός τους ή την εθνικότητά τους, και τους αποδέχονται για τις ιδιότητές τους, όχι για την κοινωνική τους θέση.

Αντίθετα, εκείνοι που ασπάζονται τη σκοτεινή πλευρά έχουν εμμονή με την κοινωνική επικύρωση, αγνοούν την άγνοιά τους, είναι αλαζόνες, αλαζόνες και κάνουν διακρίσεις με βάση τις πεποιθήσεις τους και όχι με βάση την κατανόηση. Όσοι βρίσκονται στο σκοτάδι δεν έχουν συμπόνια, καθώς η αγάπη τους είναι υπό όρους, συνήθως συνδεδεμένη με τη θρησκευτική ένταξη. Ωστόσο, οι διαφορές μεταξύ εκείνων που είναι έτοιμοι να αναληφθούν και εκείνων που δεν είναι, μπορούν επίσης να φανούν ξεκάθαρα στις πεποιθήσεις τους. Μόνο όσοι βρίσκονται στο σκοτάδι θα αναζητούσαν σωτηρία από μια εξωτερική πηγή, αντί να καλλιεργήσουν τη σοφία για να σώσουν τον εαυτό τους και να βοηθήσουν τους άλλους να κάνουν το ίδιο.

Ο Alex Collier, πρώην πιλότος του αμερικανικού στρατού και δημόσιος ομιλητής, ισχυρίζεται ότι πέρασε τρεις μήνες σε ένα εξωγήινο διαστημόπλοιο. Προειδοποιεί ότι η Δευτέρα Παρουσία του Χριστού ενορχηστρώνεται από τους Γκρίζους εξωγήινους σε συνεργασία με ορισμένες μυστικές οντότητες στη Γη, οι οποίοι θα χρησιμοποιήσουν έναν ανθρώπινο κλώνο με τις μνήμες όλων των θρησκειών του πλανήτη. Αυτή η χειραγώγηση είναι δυνατή επειδή οι άνθρωποι στη Γη είναι επιρρεπείς στην εξαπάτηση, συχνά στηριζόμενοι σε κείμενα (όπως η Βίβλος ή το Κοράνι) που γράφτηκαν από άτομα που έλαβαν τηλεπαθητικές πληροφορίες από εξωγήινους, ερμηνεύοντάς τα ως θεϊκές αλήθειες.

Ιστορικά, τα ανθρώπινα όντα έχουν αποδεχτεί οτιδήποτε παρουσιάζεται ως ουράνιο ή από παράλληλες διαστάσεις ως εγγενώς καλό και θεϊκό, γεγονός που τα καθιστά ευάλωτα στη διαφθορά και την υποδούλωση. Ωστόσο, δεδομένης της προηγμένης τεχνολογίας των εξωγήινων, είναι σχετικά εύκολο γι' αυτούς να παρουσιαστούν ως άγγελοι, Ιησούς ή οποιαδήποτε άλλη ολογραφική εικόνα, ανάλογα με τα εμφυτεύματα του ατόμου. Αυτή η ικανότητα μπορεί να κάνει αφελή άτομα με ισχυρούς θρησκευτικούς δεσμούς να πέσουν στην παγίδα των εξαπατήσεών τους. Επιπλέον, καθώς αυτά τα όντα μπορούν επίσης να χειρίζονται τον χρόνο, μπορούν να κατασκευάσουν ιστορικές απάτες που εμφυτεύονται στη συλλογική ψυχή των μαζών, κάνοντάς τους να τους αντιλαμβάνονται ως σωτήρες και όχι ως αντιπάλους.

Αυτή η συλλογική εμφύτευση ενισχύεται από γενιά σε γενιά και σε κάθε πολιτισμό του πλανήτη. Έτσι, ενώ κάποιοι πιστεύουν ότι καθώς ο πλανήτης κινείται σε υψηλότερες δονήσεις, ο υπόλοιπος πληθυσμός θα έλκεται μαζί του, αυξάνοντας τις γνωστικές του ικανότητες, αυτό δεν ισχύει απαραίτητα, καθώς τα ανθρώπινα όντα έχουν ελεύθερη βούληση. Ακόμα και αν ο πλανήτης μετακινηθεί στην 4η διάσταση, μια μουδιασμένη και απαθής ανθρωπότητα, ναρκωμένη με χημικά και εμμονική με το δόγμα, μπορεί να μην είναι σε θέση να δεχτεί τις γνώσεις και τις πνευματικές ενέργειες που επιφέρει αυτή η αλλαγή. Μπορεί ακόμη και να αντισταθούν σε αυτές τις αλλαγές και να παραμείνουν σε μια χαμηλότερη πυκνότητα, υποτασσόμενοι οικειοθελώς σε ατζέντες που δεν έχουν το συμφέρον τους και που μπορεί ακόμη και να θέσουν σε κίνδυνο τη ζωή τους.

Όπως έχουμε δει πολλές φορές στο παρελθόν, ένα σημαντικό τμήμα του πληθυσμού είναι πιο πρόθυμο να δεχτεί την καταπίεση παρά να αντισταθεί σε αυτήν. Αυτές οι συνθήκες μπορούν επίσης να προκύψουν επειδή ένα μικρό τμήμα του πληθυσμού, εξαπατημένο από την απληστία και την υπόσχεση της αιώνιας ζωής, έχει συνάψει συμφωνίες με ορισμένες εξωγήινες φυλές για το δικό του όφελος και το μέλλον των οικογενειών του. Τα ίδια αυτά άτομα βρίσκονται πίσω από αυτό που τώρα ονομάζεται «Παγκόσμια Επαναφορά» για τους «Στόχους Βιώσιμης Ανάπτυξης» που προωθούνται από τα Ηνωμένα Έθνη, οι οποίοι προαναγγέλλονται ως η ανάπτυξη μιας ουτοπίας για τον γήινο πολιτισμό. Αυτό περιλαμβάνει την ατζέντα της ερήμωσης μέσω προβλεπόμενων πανδημιών, όπως αυτές που είδαμε το 2020 και το 2021.

Για περισσότερο από ένα χρόνο, οι κυβερνήσεις και οι επιστήμονες έλεγαν ψέματα στον πληθυσμό, ισχυριζόμενοι ότι η πανδημία δεν προκλήθηκε από τον άνθρωπο. Όποιος έλεγε το αντίθετο λογοκρίθηκε, απαγορεύτηκε από τα μέσα κοινωνικής δικτύωσης και γελοιοποιήθηκε. Μόνο πολύ αργότερα οι αρχές παραδέχτηκαν τελικά ότι επρόκειτο για έναν γενετικά τροποποιημένο ιό. Ωστόσο, γρήγορα έστρεψαν την προσοχή τους σε εκστρατείες που αποσκοπούσαν στο να διασφαλίσουν ότι όλοι έλαβαν ένα από τα εγκεκριμένα εμβόλια.

Κεφάλαιο 23: Αποκαλύπτοντας κρυφές ατζέντες

Λίγο μετά τον εμβολιασμό των πολιτών των ΗΠΑ κατά του COVID-19, σχεδόν τέσσερις χιλιάδες άνθρωποι πέθαναν. Παρόλο που πολλοί ισχυρίστηκαν ότι δεν υπήρχε καμία συσχέτιση, τα στοιχεία της Κεντρικής Στατιστικής Υπηρεσίας του Ισραήλ έδειξαν 22% αύξηση της συνολικής θνησιμότητας τον Ιανουάριο και τον Φεβρουάριο του 2021, στο αποκορύφωμα της ισραηλινής εκστρατείας μαζικού εμβολιασμού. Αυτή ήταν η πιο θανατηφόρα περίοδος της τελευταίας δεκαετίας, με τα υψηλότερα ποσοστά συνολικής θνησιμότητας σε σύγκριση με τους αντίστοιχους μήνες των προηγούμενων 10 ετών. Εκτιμάται ότι πολλοί περισσότεροι θα πεθάνουν τα επόμενα χρόνια λόγω των μόνιμων βλαβών που προκαλούν τα εμβόλια αυτά στο ανοσοποιητικό σύστημα και σε ζωτικά όργανα.

Ωστόσο, η ώθηση για τον υποχρεωτικό εμβολιασμό του πληθυσμού δεν τελειώνει εδώ, καθώς αποτελεί μέρος της Ατζέντας Ανοσοποίησης 2030 (IA2030) για την αντιμετώπιση των «προκλήσεων της επόμενης δεκαετίας». Πίσω από αυτές τις λεγόμενες «προκλήσεις» κρύβονται συγκεκριμένοι στόχοι, καθώς το σύνθημα του Παγκόσμιου Οργανισμού Υγείας, «μην αφήσετε κανέναν πίσω», καθιστά σαφές ότι η πρόθεση είναι να εξαναγκαστούν όλοι σε «εθελοντική ευθανασία» μέσω μιας παγκοσμίως συντονισμένης προσπάθειας μεταξύ κυβερνήσεων και διαφόρων φορέων υγείας.

Ο λόγος για αυτό είναι ότι, ακόμη και αν κάποιες εξωγήινες φυλές θέλουν να ελέγξουν τον πλανήτη και να κρατήσουν τους ανθρώπους υπάκουους στις απαιτήσεις τους, δεν χρειάζονται μεγάλο πληθυσμό, καθώς η ύπαρξη δισεκατομμυρίων ανθρώπων καθιστά δύσκολη τη διαχείριση τόσων πολλών ατόμων. Με την τεχνολογία κλωνοποίησης, δεν υπάρχει ανάγκη να κρατηθούν μεγάλες μάζες του πληθυσμού σε δουλεία, καθώς μπορούν απλώς να σχεδιαστούν νέα ανθρώπινα όντα κατά παραγγελία, με τον ίδιο τρόπο που κατασκευάζεται οποιαδήποτε άλλη μηχανή, όπως τα ρομπότ. Στην πραγματικότητα, τα ρομπότ εξελίσσονται τόσο πολύ που καθιστούν όλο και περισσότερους ανθρώπους περιττούς, καθώς η συντριπτική πλειοψηφία του πληθυσμού απλώς δεν είναι πλέον απαραίτητη λόγω της έλλειψης δημιουργικότητας και της χαμηλής γνωστικής τους ικανότητας.

Εν τω μεταξύ, ορισμένες αποκαλούμενες «νεογέννητες χριστιανικές αιρέσεις», όπως οι Μάρτυρες του Ιεχωβά, πιστεύουν ότι «ο Ιεχωβά και ο Ιησούς θέλουν να επαναφέρουν τους αγαπημένους μας στη ζωή» (In Jw.org), επειδή είναι εύκολο να ξεγελάσουν τους ανθρώπους με την τεχνολογία κλωνοποίησης και την ικανότητα να επαναφέρουν τις μνήμες του αποθανόντος σε ένα νέο ον. Η πεποίθηση αυτή είναι παρόμοια με εκείνη πολλών άλλων αβρααμικών θρησκειών, όπως ο Χριστιανισμός, το Ισλάμ, ο Ιουδαϊσμός, ο Μπαμπαϊσμός, η πίστη

Μπαχάι, ο Δρουζισμός, ο Σαμαρειτισμός, ο Σαμπακισμός και ο Ρασταφαριανισμός, μεταξύ άλλων.

Αυτό που δεν καταλαβαίνουν αυτές οι ομάδες είναι ότι δεν είναι δυνατόν να αποκατασταθεί η ψυχή και ότι υπάρχει διαφορά μεταξύ πνεύματος και μνήμης. Δύο άνθρωποι μπορεί να έχουν τις ίδιες αναμνήσεις και παρόλα αυτά να είναι διαφορετικά άτομα. Ως αποτέλεσμα, όλες αυτές οι θρησκείες προετοιμάζονται για μια συλλογική ψευδαίσθηση, στην οποία εξαπατώνται από ένα και μόνο γεγονός. Η γενοκτονία ενός μεγάλου μέρους του πληθυσμού της Γης, ακολουθούμενη από την υποδούλωση της υπόλοιπης ανθρωπότητας υπό τη θρησκευτική εξουσία των Γκρίζων και των Δρακονιανών (ανθρωποειδών εξωγήινων με ερπετοειδές DNA), θα μπορούσε να σηματοδοτήσει μια σημαντική στιγμή επαναφοράς στην παγκόσμια ιστορία.

Σύμφωνα με τον Alex Collier, αυτή η «επανεκκίνηση» κατευθύνει επίσης τις διάφορες θρησκείες προς μια συγκεκριμένη αλλά ενιαία κατεύθυνση. Με τη δημιουργία θρησκειών που οδηγούν τους ανθρώπους να αναζητούν θεϊκή παρέμβαση, οι κακόβουλοι εξωγήινοι είναι ευπρόσδεκτοι όταν προσπαθούν να ασκήσουν έλεγχο πάνω τους. Αυτή η στρατηγική αφαιρεί την ευθύνη από την ανθρώπινη φυλή στη Γη και επιτρέπει σε αυτούς τους εξωγήινους να ελέγχουν τους ανθρώπους χωρίς καρμικές συνέπειες, αποφεύγοντας την παρέμβαση άλλων εξωγήινων που προσπαθούν να τους σώσουν από τη σκλαβιά και την πνευματική στασιμότητα.

Δυστυχώς, οι περισσότεροι άνθρωποι είναι πολύ απαθείς, κολλημένοι στη ρουτίνα τους και στις δουλειές τους 9πμ-5μμ, παθιασμένοι με τα υλικά αποκτήματα και επομένως δεν ενδιαφέρονται να εξελιχθούν ή να ασχοληθούν με νέες πληροφορίες. Αυτή η απάθεια κάνει το έργο των Ανδρομέδων, των Πλειάδων και άλλων καλοκάγαθων φυλών πολύ δύσκολο, καθώς και των αστρικών σπόρων στον πλανήτη. Πολλοί ειδικοί ισχυρίζονται ότι οι δρακόντειοι εξωγήινοι έχουν την ικανότητα να αλλάζουν μορφή, να μοιάζουν και να μιλούν σαν άνθρωποι, προκειμένου να ξεγελούν τις επαφές τους και να πιστεύουν ότι επικοινωνούν με αγγέλους, καλοπροαίρετους εξωγήινους ή ακόμη και με εμφανίσιμους ανθρώπους. Το κάνουν αυτό επειδή γνωρίζουν ότι η φυσική τους εμφάνιση θα τρόμαζε τους ανθρώπους.

Πιστεύεται ότι οι ψηλοί, λευκοί, σκανδιναβικής εμφάνισης άνθρωποι που επικοινώνησαν με τους Ναζί για να τους βοηθήσουν να αναπτύξουν νέες τεχνολογίες ήταν στην πραγματικότητα δρακόντειοι εξωγήινοι. Πιστεύεται επίσης ότι οι Γκρίζοι Zeta Reticuli, οι οποίοι διαθέτουν τις ίδιες ικανότητες αλλαγής μορφής και μπορούν να εμφανίζονται ως άνθρωποι ή άγγελοι στους απαχθέντες τους, εργάζονται για τους δρακόντιους. Ο Collier εξηγεί ότι οι Δρακονιανοί είναι ένας πολεμικός πολιτισμός που επιδιώκει να κατακτήσει ολόκληρο τον γαλαξία.

Κεφάλαιο 24: Η δρακονιανή επιρροή

Σύμφωνα με τον Alex Collier, οι Δρακονιανοί έχουν ανθρωποειδή εμφάνιση, παρόμοια με τους δικούς μας δεινόσαυρους, αλλά με διαφορετικό σχήμα. Μπορεί να έχουν εξελιχθεί σε αυτή τη μορφή από τη γενετική των δεινοσαύρων μας, όπως ακριβώς εμείς οι άνθρωποι εξελιχθήκαμε από τη γενετική των πρωτευόντων. Οι τηλεπαθητικές τους ικανότητες τους επιτρέπουν να εκτελούν ακριβείς ψευδαισθήσεις, μεταμορφώνοντας τον εαυτό τους σε μια μορφή που σχετίζεται με εκείνη με την οποία το άτομο με το οποίο έρχεται σε επαφή αισθάνεται πιο άνετα. Αυτό μπορεί να περιλαμβάνει την εμφάνιση ενός αποθανόντος αγαπημένου προσώπου ή μιας μυθολογικής ή θεϊκής μορφής. Αυτό που προκαλεί το άτομο να μειώσει τις ψυχολογικές του άμυνες και να πιστέψει ολόψυχα είναι αυτό που θα εμφανιστεί, και αυτό περιλαμβάνει κάθε μορφή φαινομενικού θαύματος, όπως περιγράφεται από τους Χριστιανούς.

Η δρακόντεια στάση απέναντι σε άλλες φυλές, συμπεριλαμβανομένων των ανθρώπων, σχετίζεται με την αντίληψή τους για τη ζωή. Ως γαλαξιακή πολεμική φυλή, θεωρούν τους εαυτούς τους πρακτικούς και δεν μπορούν να συναισθανθούν τους ανθρώπους, καθώς βλέπουν την ανθρωπότητα στη Γη ως αυτοκαταστροφική και επιθετική απέναντι στον πλανήτη, ο οποίος είναι ένας πολύτιμος και πολύ πολύτιμος πόρος γι' αυτούς. Αν και μόνο μια υποομάδα της φυλής τους επιθυμεί να ελέγξει τους ανθρώπους, η πραγματική τους πρόθεση είναι να κατέχουν και να προστατεύουν τη Γη, γεγονός που μπορεί να εξηγεί την επιθυμία τους να εξοντώσουν τη συντριπτική πλειοψηφία της ανθρωπότητας.

Πέρα από το ότι είναι ένα αδύναμο εργατικό δυναμικό σκλάβων και μια δυνητικά ανθυγιεινή πηγή τροφής, οι άνθρωποι έχουν μικρή αξία για αυτή τη φυλή. Οι άνθρωποι δεν φροντίζουν αρκετά καλά το σώμα τους για να θεωρηθούν βιώσιμη πηγή τροφής. Οι Δρακονιανοί είναι σαρκοφάγοι και αντιπαθούν να τρώνε νεκρό κρέας, προτιμώντας τα ζωντανά ζώα. Μπορούν να φάνε ανθρώπους, αλλά προτιμούν τα μωρά, καθώς η σάρκα τους δεν μολύνεται από το είδος της τροφής που καταναλώνουν οι ενήλικες ή από χημικές ουσίες.

Σύμφωνα με τον Alex Collier, πολλά παιδιά σε όλο τον κόσμο έχουν εξαφανιστεί για να ταΐσουν αυτά τα όντα λόγω συμφωνιών με τους Γκρίζους, σύμφωνα με τις οποίες οι κυβερνήσεις λαμβάνουν τεχνολογία με αντάλλαγμα τη συγκάλυψη ή τη βοήθειά τους, συμπεριλαμβανομένης της στρατιωτικής τεχνολογίας, της τεχνολογίας διαστημοπλοίων (που επιτρέπει τα διαστημικά ταξίδια) και της τεχνολογίας ταξιδιού στο χρόνο (που επιτρέπει στις αμερικανικές μυστικές υπηρεσίες να διεξάγουν έρευνες στέλνοντας ανθρώπους πίσω στο χρόνο ή στο μέλλον).

Στις 25 Οκτωβρίου 2019, το FBI έδωσε στη δημοσιότητα περισσότερες από 300 σελίδες σχετικά με ένα κύκλωμα εμπορίας παιδιών με υποτιθέμενες διασυνδέσεις με τη CIA. Ο Ted Gunderson (πρώην διευθυντής του FBI), ο οποίος ερεύνησε αυτές τις υποθέσεις και πολλές άλλες, βρήκε «αρκετές σήραγγες» κάτω από διάφορες πόλεις των ΗΠΑ που συνδέονται με την εμπορία παιδιών και τις δολοφονίες. Σε δημόσια ομιλία του, ο Γκάντερσον είπε: «Η CIA κάνει τη μαφία να μοιάζει με τάξη κατηχητικού σχολείου... Η CIA βρίσκεται πίσω από σχεδόν κάθε τρομοκρατική επίθεση στις Ηνωμένες Πολιτείες».

Σύμφωνα με τον ίδιο, η CIA ήταν πίσω από τις τρομοκρατικές επιθέσεις στο Παγκόσμιο Κέντρο Εμπορίου και όλες οι άλλες μυστικές υπηρεσίες το γνώριζαν, συμπεριλαμβανομένης της Μοσάντ του Ισραήλ και της ΜΙ5 της Βρετανίας. Οι επιθέσεις αυτές, είπε, σχεδιάστηκαν για να επηρεάσουν νέους περιορισμούς στις πολιτικές ελευθερίες και να επιτρέψουν την παρακολούθηση των Αμερικανών πολιτών. Με τις αλλαγές στο νόμο και μετά τις πολλές τρομοκρατικές επιθέσεις, η NSA έχει πλέον τη δυνατότητα να παρακολουθεί κάθε άτομο στις ΗΠΑ.

Ο Gunderson κατέληξε να δηλητηριαστεί με αρσενικό από τη CIA, όπως πιστεύουν οι ειδικοί με βάση διάφορα σημάδια στο σώμα του μετά το θάνατό του. Ένα από τα αποτελέσματα της δηλητηρίασης με αρσενικό είναι ο καρκίνος, γι' αυτό και η CIA το χρησιμοποιεί, καθώς κάνει τον θάνατο να φαίνεται φυσικός. Η CIA έχει εμπλακεί στη δολοφονία αρκετών ανθρώπων που προσπάθησαν να αποκαλύψουν πληροφορίες σχετικά με τις σχέσεις της αμερικανικής κυβέρνησης με εξωγήινα όντα, συμπεριλαμβανομένης της εμβληματικής ηθοποιού Μέριλιν Μονρόε. Ο ισχυρισμός αυτός υποστηρίζεται από ένα υπόμνημα της CIA με ημερομηνία 3 Αυγούστου 1962 - μόλις δύο ημέρες πριν η Μονρόε βρεθεί νεκρή από υπερβολική δόση ναρκωτικών. Το υπόμνημα αναφέρεται σε μια υποκλαπείσα συνομιλία μεταξύ της Μονρόε και ενός δημοσιογράφου, στην οποία εξέφρασε την πρόθεσή της να αποκαλύψει μυστικά σχετικά με «εξωγήινα πράγματα» σε μια επερχόμενη συνέντευξη Τύπου (στο ντοκιμαντέρ «Unacknowledged»).

Ένα χρόνο αργότερα, το 1963, η CIA ενορχήστρωσε τη δολοφονία του προέδρου των ΗΠΑ Τζον Φ. Κένεντι, χρησιμοποιώντας τρεις διαφορετικούς δολοφόνους, μεταξύ των οποίων ο Λι Χάρβεϊ Όσβαλντ και ο ίδιος ο οδηγός του, Γουίλιαμ Γκριρ. Ο Όσβαλντ πυροβολήθηκε αργότερα από τον Τζακ Ρούμπι για να μην αποκαλύψει τις διασυνδέσεις του με τη CIA. Ο Ρούμπι θα πέθαινε στη φυλακή μόλις τέσσερα χρόνια αργότερα. Οι αναφορές που ακολούθησαν αυτό το περιστατικό αναφέρουν ότι ο Ρούμπι «έλειπε για μια περίοδο περίπου είκοσι έως είκοσι πέντε λεπτών προτού τον ξαναδούν μετά τη δολοφονία», γεγονός που υποδηλώνει ότι μπορεί να εξαναγκάστηκε να σκοτώσει τον Όσβαλντ. Η πιθανότητα αυτή ενισχύεται από τους επανειλημμένους ισχυρισμούς του Ruby ότι η ζωή του «κινδύνευε» και την επιθυμία του να «πει την αλήθεια». Ο Ρούμπι πέθανε τελικά από καρκίνο, ο οποίος μπορεί να προκλήθηκε από τη CIA για να τον εμποδίσει να μιλήσει.

Κεφάλαιο 25: Ανθρώπινη υποδούλωση

Σ τις 27 Φεβρουαρίου 2012, το WikiLeaks άρχισε να δημοσιεύει τα Global Intelligence Files, με περισσότερα από πέντε εκατομμύρια μηνύματα ηλεκτρονικού ταχυδρομείου από την παγκόσμια εταιρεία πληροφοριών Stratfor με έδρα το Τέξας. Τα μηνύματα αυτά αποκαλύπτουν εμπιστευτικές επιχειρήσεις πληροφοριών από μεγάλες εταιρείες όπως η Dow Chemical Co. στο Bhopal, η Lockheed Martin, η Northrop Grumman και η Raytheon, καθώς και κυβερνητικές υπηρεσίες όπως το Υπουργείο Εσωτερικής Ασφάλειας των ΗΠΑ, οι Αμερικανοί πεζοναύτες και η Υπηρεσία Πληροφοριών Άμυνας των ΗΠΑ. Ένα από τα έγγραφα, με ημερομηνία 12 Νοεμβρίου 1963 - μόλις δέκα ημέρες πριν από τη δολοφονία του Κένεντι - αφορά τη συγκάλυψη του φαινομένου των UFO/εξωγήινων. Αποκαλύπτει ότι ο πρόεδρος Κένεντι ζήτησε την επανεξέταση της διαβάθμισης όλων των φακέλων της CIA σχετικά με τα UFO που θα μπορούσαν να επηρεάσουν την εθνική ασφάλεια.

Ο Κένεντι αντιτάχθηκε στη μυστικότητα και επιδίωξε να ενημερώσει το κοινό για την εξωγήινη ζωή, κάτι που ερχόταν σε σύγκρουση με την πολιτική της CIA που είχε καθιερωθεί από συμφωνίες με προηγούμενους προέδρους και ορισμένες εξωγήινες φυλές. Η σύγκρουση αυτή μπορεί να αποτέλεσε σημαντικό παράγοντα στην απόφαση της CIA να τον δολοφονήσει μέρα μεσημέρι, λειτουργώντας ως αυστηρή προειδοποίηση προς κάθε άλλον πολιτικό που θα σκεφτόταν παρόμοιες ενέργειες στο μέλλον. Ωστόσο, πρέπει να αναρωτηθούμε γιατί τα ίδια συστήματα ελέγχου και υποδούλωσης εξακολουθούν να υφίστανται και σήμερα και γιατί οι άνθρωποι συνεχίζουν να βλάπτονται από τον βιολογικό πόλεμο, όπως είδαμε στο παρελθόν με τους ιούς που δημιουργήθηκαν στο εργαστήριο, όπως το AIDS και ο COVID-19.

Η απάντηση σε αυτά τα ερωτήματα είναι απλή: το συνεχιζόμενο σύστημα ελέγχου, καταπίεσης και καταπίεσης υπάρχει επειδή τα ανθρώπινα όντα στη Γη παραμένουν πολύτιμα για τις ίδιες φυλές που τα υποδουλώνουν. Αν και η ιδιοκτησία αυτής της εταιρείας που ονομάζεται Γη έχει αλλάξει χέρια κατά τη διάρκεια των χιλιετιών χωρίς να το γνωρίζει το κοινό, όπως ακριβώς οι περισσότεροι άνθρωποι δεν παρατηρούν την αντικατάσταση του διευθύνοντος συμβούλου μιας μεγάλης μάρκας, η απάντηση σε αυτά τα ερωτήματα είναι απλή. Είναι συναρπαστικό να βλέπουμε ότι οι άνθρωποι εξακολουθούν να εκτιμούν μέταλλα όπως ο χρυσός, τα οποία είναι γνωστά για το ότι είναι υπεραγώγιμα και ότι συνδέονται με την πνευματικότητα και τη ζωτική ενέργεια. Ωστόσο, οι περισσότερες χώρες διαθέτουν πλέον πολύ λίγο χρυσό, καθώς έχει αποκτηθεί από διάφορα μέρη με την πάροδο των ετών και έχει σε μεγάλο βαθμό εξαφανιστεί. Ο χρυσός που έχουμε τώρα προέρχεται από τα ίδια παλιά ορυχεία, αλλά αυτό δεν σημαίνει ότι έχουμε την ίδια ποσότητα χρυσού με πριν. Σήμερα, το νόμισμα ανταλλαγής είναι το χρήμα.

Άλλωστε, γιατί να παραμείνουν οι άνθρωποι υπόδουλοι όταν υπάρχει αρκετή τεχνολογία για να απελευθερωθεί η κοινωνία από αυτές τις συνθήκες; Γιατί η ελεύθερη ενέργεια καταστέλλεται, αρνείται και απαγορεύεται; Πολλοί άνθρωποι πιστεύουν ότι είναι φυσιολογικό να περνούν μια ζωή σκλαβωμένοι από χρονοβόρες εργασίες, αλλά αν δεν χρειαζόταν να εργάζονται, θα είχαν την ευκαιρία να μορφωθούν και να διαβάσουν περισσότερα. Εκείνοι που ισχυρίζονται ότι το υπερβολικό διάβασμα είναι επιβλαβές και οδηγεί σε σύγχυση κάνουν λάθος, όπως και εκείνοι που πιστεύουν ότι ένα μόνο βιβλίο είναι αρκετό για την πλήρη γνώση. Είναι εξίσου παράλογο να υποστηρίζεται ότι το διάβασμα και η πνευματικότητα είναι ασύμβατα, μια αντίληψη που συναντώ συχνά σε όλο τον κόσμο. Οι άνθρωποι συχνά πιστεύουν ότι η πίστη από μόνη της είναι αρκετή ή, ακόμη χειρότερα, ότι τα χρήματα και η πνευματικότητα δεν μπορούν να συνυπάρξουν, επειδή ένα αληθινό πνευματικό ον δεν ενδιαφέρεται για τον υλικό πλούτο. Αυτή η τελευταία πεποίθηση είναι η πιο λανθασμένη απ' όλες, γιατί δεν μπορείς να μάθεις για το πνεύμα ενώ εργάζεσαι συνεχώς. Ο μόνος λόγος για τον οποίο έχω ολόκληρες ημέρες, εβδομάδες και μήνες για να διαβάζω ό,τι θέλω είναι επειδή έχω επιχειρήσεις που παράγουν παθητικό εισόδημα.

Όσοι υποστηρίζουν ότι η πνευματικότητα και τα χρήματα δεν έχουν καμία σχέση μεταξύ τους, συνήθως δεν έχουν χρόνο για τίποτα και, κατά μέσο όρο, τελειώνουν μόνο ένα βιβλίο το χρόνο ή ακόμα και ολόκληρη τη ζωή τους. Είναι σαν εκπαιδευμένα ζώα, που επαναλαμβάνουν αυτό που έχουν μάθει να πιστεύουν, ακόμα κι αν δεν βγάζει νόημα. Οι περισσότεροι από τους ανθρώπους που γνωρίζω και λένε ότι διαβάζουν βιβλία δεν ασχολούνται με τη λογοτεχνία επειδή δεν έχουν χρόνο. Αντ' αυτού, βυθίζονται σε τηλεοπτικά προγράμματα και περνούν τα Σαββατοκύριακά τους πίνοντας με ανθρώπους που μοιράζονται την άγνοιά τους. Σε αυτούς τους κοινωνικούς κύκλους, ενισχύουν ο ένας τις λανθασμένες πεποιθήσεις του άλλου, δημιουργώντας μια ψευδή αίσθηση σπουδαιότητας που μπορεί να διαρκέσει μια ζωή. Γνωρίζουν ελάχιστα πέρα από αυτά που τους έχουν πει να πιστεύουν και δεν δείχνουν καμία συμπάθεια για την αλήθεια ή ενδιαφέρον για μάθηση.

Αν παρουσιάσετε σε ένα τέτοιο άτομο στοιχεία, αναλύσεις και ιδέες από τα αναγνώσματά σας, μπορεί να σας χαρακτηρίσουν τρελούς. Στη σημερινή κοινωνία, το να γνωρίζεις πολλά θεωρείται συχνά τρέλα, ενώ η άγνοια θεωρείται σοφία, επειδή οι άνθρωποι ακολουθούν το κοπάδι. Όσοι αφιερώνουν το χρόνο τους στη μάθηση θεμάτων που αγνοούνται από την πλειοψηφία, συχνά θεωρούνται εκκεντρικοί. Αλλά γιατί θα θέλαμε να κρατήσουμε δισεκατομμύρια ανθρώπους σε κατάσταση απόλυτης άγνοιας, αποσπασμένους από ασήμαντα θέματα, εκτός αν η Γη είναι ένας πλανήτης-φυλακή πλούσιος σε πόρους;

Κεφάλαιο 26: Η προέλευση της ψυχής

Πολλοί άνθρωποι αναρωτιούνται: «Αν υπάρχει μετενσάρκωση, από πού προέρχονται όλες οι ψυχές;» Η απάντηση είναι απλή: από άλλους πλανήτες. Έχετε παρατηρήσει ότι όσο αυξάνεται ο πληθυσμός, τόσο αυξάνονται η δυσαρέσκεια, ο ρατσισμός, η ξενοφοβία και οι διακρίσεις; Αυτό συμβαίνει επειδή πολλοί άνθρωποι ενστικτωδώς αισθάνονται ότι δεν ανήκουν εδώ. Οι εξωγήινοι που δημιούργησαν και υποδούλωσαν την ανθρωπότητα συνειδητοποίησαν ότι έπρεπε να διατηρούν πνευματικά όντα μόνιμα συνδεδεμένα με τα ανθρώπινα σώματα, προκειμένου να τα εμψυχώνουν και να τα κάνουν αρκετά έξυπνα για να κάνουν τη δουλειά τους. Έτσι έφεραν εγκληματίες από άλλα αστρικά συστήματα και άλλα ανεπιθύμητα άτομα για να καταλάβουν τα σώματα στη Γη.

Οι άνθρωποι αντιμετωπίστηκαν ως κατάδικοι καταναγκαστικής εργασίας, όπως ακριβώς αντιμετωπίζουμε εμείς τους σκλάβους πολέμου και τους κρατούμενους εγκληματίες. Με αυτόν τον τρόπο, η Γη έγινε μια ποινική αποικία, όπως η Αυστραλία. Αυτή είναι μια άβολη αλήθεια και οι θρησκευτικοί ηγέτες προσπάθησαν να την απαλύνουν κάνοντας την ιστορία της Γένεσης πιο εύπεπτη. Σε όλη την ιστορία, πάντα αλλάξαμε τις αφηγήσεις για να παρουσιάσουμε τους εαυτούς μας σε καλύτερο φως. Αυτό δεν είναι νέο φαινόμενο- κάθε έθνος στον κόσμο έχει κάνει το ίδιο, βλέποντας την ιστορία μέσα από έναν φακό που ευνοεί τη δική του οπτική γωνία, συχνά ανακατασκευάζοντας γεγονότα και κατασκευάζοντας ιστορίες για να εξηγήσει τα γεγονότα με τρόπο που να είναι πιο ευνοϊκός για την εικόνα του.

Για παράδειγμα, οι Βρετανοί ισχυρίζονται ότι «εκπολίτισαν» τα έθνη στα οποία διέπραξαν μαζικές γενοκτονίες. Αλλά είναι διαφορετική η ιστορία που κατασκευάζουν οι Εβραίοι; Σίγουρα όχι! Η αφήγησή τους συνήθως τους παρουσιάζει ως γενναίους πολεμιστές που πολέμησαν εναντίον όσων αντιτάχθηκαν στην πίστη τους, ενώ οι αρχαιολογικές ανασκαφές αποκαλύπτουν μια πολύ διαφορετική πραγματικότητα. Οι ψυχικές διαταραχές δεν εμφανίστηκαν από το πουθενά- τα άτομα αυτά τοποθετήθηκαν εδώ επειδή πρόκειται για μια αποικία φυλακής υψηλής πυκνότητας από την οποία δεν μπορούν να αποδράσουν. Άλλα όντα σε καλύτερους κόσμους μπορεί να αναφέρονται σε αυτή την ύπαρξη ως κόλαση, λόγω των χαμηλών δονήσεων και της συνεχούς κατάστασης φόβου, άγχους και καταπίεσης.

Ωστόσο, πρέπει να αυξήσετε τη συνείδησή σας για να αναγνωρίσετε αυτή την πραγματικότητα. Για τη συντριπτική πλειονότητα, αυτός ο τρόπος ζωής φαίνεται φυσιολογικός και ισχυρίζονται ότι η αντιμετώπιση προβλημάτων και απειλών δίνει νόημα στην ύπαρξή τους. Οι μάζες έχουν μάθει να αποδέχονται αυτή την κατάσταση και, όταν ενθαρρύνονται να «σκέφτονται θετικά», συχνά οδηγούνται από τις ατζέντες της Νέας Εποχής να αποδέχονται τις τρέχουσες συνθήκες αντί να εξελίσσονται σε υψηλότερες καταστάσεις συνείδησης.

Παρόλο που υπάρχουν κάποιες εξελιγμένες ψυχές από άλλους γαλαξίες - που συχνά αποκαλούνται Starseeds ή Indigos - που έρχονται σε αυτόν τον πλανήτη για να βοηθήσουν τους άλλους να ξεφύγουν από τη δουλεία τους αναπτύσσοντας μια υψηλότερη συνείδηση, συχνά δέχονται εκφοβισμό, διακρίσεις και εξοστρακισμό. Αυτό οφείλεται στη διαφορετική οπτική τους, την οποία η κοινωνία γενικά θεωρεί ακατανόητη. Αντί να εκτιμώνται για τη σοφία τους, αποφεύγονται. Με αυτόν τον τρόπο, οι μάζες διαιωνίζουν την άγνοιά τους, επειδή δεν είναι έτοιμες να αναληφθούν και τείνουν να αποφεύγουν οποιονδήποτε ή οτιδήποτε θα μπορούσε να τις βγάλει από αυτόν τον πλανήτη-φυλακή.

Δεν έχουν την ικανότητα διάκρισης και βρίσκονται συνεχώς παγιδευμένοι ανάμεσα στους πόλους του καλού και του κακού, σαν πρόβατα που τα βόσκουν τα σκυλιά. Δυσκολεύονται να διακρίνουν το σωστό από το λάθος επειδή δεν μπορούν να σκεφτούν μόνοι τους- έχουν χαμηλή συνείδηση, μειωμένη αίσθηση της ηθικής και έλλειψη ενσυναίσθησης και συμπόνιας. Ακολουθούν το κοπάδι και διαμορφώνουν προσωπικές απόψεις με βάση τη λαϊκή συναίνεση. Αν πολλοί δηλώνουν ότι κάτι είναι καλό, το αποδέχονται χωρίς αμφισβήτηση. Αδιαφορούν για τη φύση του ζητήματος, αρκεί να έχουν ένα κοπάδι να υποστηρίζει τις απόψεις τους.

Έχετε παρατηρήσει ποτέ ότι οι άνθρωποι είναι πάντα ενταγμένοι σε κάποια ομαδική ιδεολογία, είτε αυτή είναι επιστημονική, είτε θρησκευτική, είτε αθεϊστική; Όσο αισθάνονται ότι ανήκουν σε μια ομάδα, πιστεύουν ότι έχουν δίκιο. Αυτή η συμπεριφορά αποτελεί παράδειγμα χαμηλής συνείδησης, που χαρακτηρίζεται από τη νοοτροπία της αγέλης και την πλήρη έλλειψη αντίληψης της αλήθειας. Μια νοητική κατάσταση που επικεντρώνεται στα ένστικτα επιβίωσης, που έχει τις ρίζες της στην προσκόλληση στα εγκόσμια και τις ψευδαισθήσεις τους, κάνει τους ανθρώπους να πιστεύουν ότι το εγώ τους είναι σημαντικό. Αυτή η πεποίθηση τους κάνει να αποδίδουν υπερβολική σημασία στην προσωπικότητά τους και στο τι πιστεύει η κοινωνία γι' αυτούς.

Ως αποτέλεσμα, θεωρούν ότι τα δικαιώματά τους είναι ανώτερα από εκείνα των άλλων. Όταν έρχονται αντιμέτωποι με καθημερινές δυσκολίες, όπως ο φόβος να χάσουν τη δουλειά τους, να μείνουν μόνοι, να μην έχουν φίλους ή να υποστούν διακρίσεις και ταπεινώσεις, το ένστικτο της επιβίωσης εντείνεται. Αυτός ο επιδεινούμενος φόβος αυξάνει τον εγωισμό τους και μειώνει την ικανότητά τους να σκέφτονται λογικά. Ως αποτέλεσμα, οι άνθρωποι αυτοί γίνονται όλο και πιο αντιδραστικοί, όπως τα άγρια ζώα. Ως εκ τούτου, τα άτομα με γνώμονα τον εγωισμό είναι συχνά συναισθηματικά ασταθή, δεν έχουν αυτοέλεγχο και τείνουν να είναι αγενή και βίαια. Τα άτομα αυτά έχουν ελάχιστη αίσθηση της ηθικής ή της κοινότητας, περιορίζοντας τις αξίες τους σε ό,τι μπορούν να κερδίσουν για τον εαυτό τους. Έχουν εμμονή με τη δική τους επιβίωση και τη δημοτικότητά τους. Η λογική δεν έχει νόημα γι' αυτούς.

Κεφάλαιο 27: Κατανόηση των δυνάμεων που παίζουν

Κάθε φορά που οι μάζες πλησιάζουν στο να κατανοήσουν τους περιορισμούς τους, η κυβέρνηση επεμβαίνει, υπονομεύοντας τις αναλυτικές τους ικανότητες με απειλές πολέμου, τρομοκρατίας και άλλα κατασταλτικά μέτρα. Το ίδιο το σύστημα συμβάλλει στην άγνοια των ανθρώπων. Αυτός είναι ο λόγος για τον οποίο ένα σημαντικό μέρος του πληθυσμού τρέφει ρατσιστικά και ξενοφοβικά αισθήματα- έχει υποβιβαστεί σε μια πρωτόγονη κατάσταση, που ενδιαφέρεται μόνο για την ευχαρίστηση και τη συντήρηση, όπως κάθε άλλο ζώο.

Στη ζωή αυτών των ατόμων αναδύονται μοτίβα. Πολλοί πιστεύουν ότι η αγάπη αποτελείται από δύο ανθρώπους που μοιράζονται πανομοιότυπες ιδέες και σκέφτονται ως ένα. Αντιλαμβάνονται τους φίλους ως εκείνους που επαινούν κάθε ανόητη πράξη. Εξισώνουν την αγάπη με την τυφλή υπακοή, που θυμίζει τη νοοτροπία επιβίωσης ορισμένων θρησκευτικών ομάδων. Ο θαυμασμός τους επεκτείνεται στους γιατρούς, τις νοσοκόμες και τους επιστήμονες, καθώς αυτά τα επαγγέλματα βασίζονται επίσης στην επιβίωση μέσω της υπακοής.

Για αυτά τα άτομα, που είναι φυλακισμένα από τους φόβους τους, η πιο τρομακτική έννοια είναι το άγνωστο. Σε αυτό, δεν υπακούουν σε κανέναν άλλον εκτός από τον εαυτό τους και η αβεβαιότητα της επιβίωσης είναι μεγάλη. Έτσι, η ιδέα της μετενσάρκωσης συχνά γελοιοποιείται και απορρίπτεται· όταν οι άνθρωποι πληροφορούνται ότι είναι αθάνατοι, ο φόβος του θανάτου εξαφανίζεται. Αυτό είναι ένα τέχνασμα, βλέπετε. Οι άνθρωποι έχουν εξαπατηθεί σε μια κατάσταση σκλαβιάς και πνευματικής άγνοιας που εμποδίζει την ψυχή τους να εξελιχθεί και να εγκαταλείψει τον πλανήτη.

Η θρησκεία παίζει σημαντικό ρόλο στη διατήρηση αυτής της δουλείας, επειδή η πνευματική άνοδος απαιτεί την ανάπτυξη ανεξάρτητης σκέψης και ηθικού συλλογισμού. Αυτά τα χαρακτηριστικά αποτελούν τη βάση για την ηθική ανάπτυξη, την ενσυναίσθηση και τον αλτρουισμό, τα οποία δεν μπορούν να ευδοκιμήσουν όταν τα άτομα υποβάλλουν τις ηθικές τους κρίσεις σε μια ανώτερη αρχή, την οποία αποκαλούν Θεό. Αυτή η συλλογική ηθική, σε συνδυασμό με τον φόβο των διακρίσεων και του εξοστρακισμού, δημιουργεί ένα τρομερό εμπόδιο που εμποδίζει την ανακάλυψη του δικαιώματος της ατομικής σκέψης.

Αυτό το δικαίωμα καταστέλλεται περαιτέρω κάθε φορά που κάποιος προσπαθεί να αναπτύξει διάκριση αναλύοντας και συγκρίνοντας διαφορετικές θρησκευτικές γραφές ή τις ερμηνείες και τις μεταφράσεις τους. Κάθε ιερέας που καταδικάζει όσους προσπαθούν να κάνουν κάτι τέτοιο, επιτίθεται στην ελευθερία της σκέψης μέσα στην ίδια του την κοινότητα. Είναι λοιπόν σαφές ότι καμία θρησκεία δεν μπορεί να είναι πραγματικά ελεύθερη, όσο ανοιχτή στη συζήτηση και αν ισχυρίζεται ότι είναι μια ομάδα. Χωρίς μια σαφή κατανόηση της ηθικής και της δικαιοσύνης, μια ψυχή δεν μπορεί να ελπίζει ότι θα ξεφύγει από αυτόν τον πλανήτη-φυλακή και θα φτάσει στον υποσχόμενο παράδεισο, ένα βασίλειο ανώτερης συνείδησης.

Αυτό που προσελκύει τους ανθρώπους στη θρησκεία είναι ακριβώς αυτό που τους αφαιρείται από την ηθική της ομάδας που τους καταπιέζει μέσα σε αυτές τις ίδιες θρησκευτικές κοινότητες. Ως αποτέλεσμα, η θρησκεία καταλήγει να εξυπηρετεί εκείνους που επιθυμούν να κρατήσουν την ανθρωπότητα παγιδευμένη και υπόδουλη σε αυτόν τον πλανήτη για την αιωνιότητα, αφού τα ανθρώπινα όντα δεν έχουν άλλα μέσα διαφυγής και ανόδου σε καλύτερες πραγματικότητες, συμπεριλαμβανομένων εκείνων από τις οποίες προέρχονται οι ψυχές τους.

Η διατήρηση της ανθρωπότητας σε σύγκρουση, είτε για θρησκευτικούς είτε για πολιτικούς λόγους, διατηρεί επίσης την πυκνότητα των ψυχών στο χαμηλότερο δυνατό επίπεδο, που χαρακτηρίζεται από φόβο και διακρίσεις χωρίς ενσυναίσθηση. Κάθε φορά που η ανθρωπότητα προσπαθεί να ενωθεί για έναν ανώτερο σκοπό και εκπαιδεύεται σε πραγματικές πνευματικές διδασκαλίες, ο λεγόμενος βιβλικός Θεός επιλέγει να καλλιεργήσει τη διαίρεση μεταξύ των ανθρώπων. Η Γένεση 11:1-9 απεικονίζει αυτή την πρόθεση δηλώνοντας: «Ελάτε, ας κατέβουμε και ας μπερδέψουμε τη γλώσσα τους, ώστε να μην καταλαβαίνει ο ένας την ομιλία του άλλου».

Επιπλέον, αυτός ο βιβλικός Θεός φαίνεται να έχει διασκορπίσει τους ανθρώπους σε όλο τον πλανήτη για να τους εμποδίσει να ενωθούν για έναν κοινό σκοπό, όπως περιγράφεται στη Γένεση: «Από εκεί ο Κύριος τους σκόρπισε στο πρόσωπο της γης». Είναι λοιπόν σύμπτωση ότι η πανδημία του κοροναϊού χρησιμοποιείται ως δικαιολογία για να περιοριστούν τα ταξίδια ή να επιβληθούν υποχρεωτικοί εμβολιασμοί για την επιβίβαση σε αεροπλάνα; Ιστορικά, τα ανθρώπινα όντα αντιμετωπίζονταν ως κινητά αντικείμενα και οι προσπάθειες να επικοινωνηθούν ανώτερες αλήθειες καταστέλλονταν σταθερά. Η κατάσταση δεν έχει αλλάξει. Η λογοκρισία της αλήθειας συνεχίζεται μέχρι σήμερα, παρά τις πολλές οδούς για την ανταλλαγή πληροφοριών.

Μόνο οι επίσημες αφηγήσεις των ελεγχόμενων από την κυβέρνηση θεσμών θεωρούνται αποδεκτές, ενώ οι εναλλακτικές απόψεις γελοιοποιούνται και απορρίπτονται. Όταν η γελοιοποίηση αποτυγχάνει, όσοι τολμούν να μοιραστούν την αλήθεια συχνά φυλακίζονται με ψευδείς κατηγορίες ή δολοφονούνται με προφανώς τυχαίο ή αυτοκτονικό τρόπο. Ωστόσο, παρά τις επιθέσεις αυτές εναντίον όσων αφυπνίζονται, η απελευθέρωση της ψυχής μέσω της γνώσης είναι δυνατή για όσους είναι πρόθυμοι να κάνουν το ταξίδι χωρίς να κοιτάξουν πίσω.

Ο συγγραφέας Σερ Τσαρλς Έλιοτ εξηγεί: «Ο πόνος είναι το αποτέλεσμα της υποδούλωσης των ψυχών στην ύλη, αλλά αυτή η υποδούλωση δεν επηρεάζει τη φύση της ψυχής και, κατά μία έννοια, δεν είναι πραγματική. Όταν οι ψυχές αποκτήσουν διακριτική γνώση και συνειδητοποιήσουν ότι δεν είναι η ίδια η ύλη, η σκλαβιά παύει και αποκτούν αιώνια ειρήνη». Ομοίως, ο Βούδας και πολλοί άλλοι μεγάλοι πνευματικοί δάσκαλοι που ήρθαν για να απελευθερώσουν την ανθρωπότητα μετέφεραν το ίδιο μήνυμα δηλώνοντας ότι η ρίζα του πόνου είναι η προσκόλληση.

Κεφάλαιο 28: Πολιτιστικές επιρροές και εξέλιξη

Η ιστορική κατανόηση του Ιησού και άλλων προφητών είναι περιορισμένη, επειδή δεν κατέγραψαν γραπτώς τις διδασκαλίες τους. Η Βίβλος, που βασίζεται κυρίως σε αφηγήσεις του Ιησού, είναι σε μεγάλο βαθμό επηρεασμένη από ελληνικές πηγές και τον πολιτισμό, γεγονός που εγείρει ερωτήματα σχετικά με τη γνησιότητα των χριστιανικών πεποιθήσεων. Είτε ο Ιησούς ήταν φανταστική είτε ιστορική μορφή, οι διδασκαλίες του μπορούν να θεωρηθούν αξιόπιστες μόνο εάν συνάδουν με τις διδασκαλίες άλλων προφητών. Η προσέγγιση αυτή απαιτεί τη μελέτη των κειμένων που κυκλοφόρησαν στο όνομά του και τα οποία τροποποιήθηκαν ή καταστράφηκαν από τις συνόδους της Νίκαιας. Κατά συνέπεια, θα αμφισβητούσε τις πεποιθήσεις όλων των θρησκευτικών δογμάτων που ισχυρίζονται ότι είναι χριστιανικά σήμερα, εκτός από εκείνα που αναζητούν καθοδήγηση στα πρωτότυπα κείμενα.

Αυτή η προοπτική όχι μόνο απαιτεί μια νέα Βίβλο, αλλά υπονομεύει επίσης την έκδοση που είναι γενικά αποδεκτή και αναγνωρίζεται από τις χριστιανικές κοινότητες σε όλο τον κόσμο ως ο αληθινός λόγος του Θεού. Είναι σημαντικό να σημειωθεί ότι η Βίβλος όπως την ξέρουμε σήμερα εμφανίστηκε μόλις τον 12ο αιώνα. Επιπλέον, οι πρόσφατες μεταφράσεις της Βίβλου περιλαμβάνουν σημειώσεις και ερμηνείες που ευνοούν το Ισραήλ και την εβραϊκή κοινότητα. Η Oxford University Press, ειδικότερα, είναι υπεύθυνη για πολλές αλλαγές στη Βίβλο που ευνοούν μια φιλοϊσραηλινή θέση, πολλές από τις οποίες βρίσκονται στη Βίβλο Αναφοράς Scofield. Ο Charles E. Carlson εξηγεί: «Το βιβλικό κείμενο έχει χειραγωγηθεί μέσω μεροληπτικών μεταφράσεων και ερμηνειών για να υποστηρίξει συγκεκριμένες πολιτικές και θρησκευτικές ατζέντες. Αυτή η χειραγώγηση έχει οδηγήσει πολλούς χριστιανούς να υποστηρίζουν άκριτα τις πολιτικές του σύγχρονου κράτους του Ισραήλ, συχνά εις βάρος του παλαιστινιακού λαού».

Πριν από τη σύνταξή του, το Συμβούλιο του 553 μ.Χ. αφαίρεσε μερικές από τις πιο σημαντικές διδασκαλίες από τα πρωτότυπα κείμενα, συμπεριλαμβανομένων των αναφορών του Ιησού στη μετενσάρκωση. Επιπλέον, λαμβάνοντας υπόψη τα πολλά βιβλία που έχουν απορριφθεί πλήρως και λογοκριθεί σε όλη την ιστορία, η αληθινή Βίβλος, αν συνδεόταν με τον Ιησού, θα παρουσίαζε μια πολύ διαφορετική μορφή χριστιανισμού από αυτή που είναι γνωστή σήμερα. Στην πραγματικότητα, θα μπορούσε να οδηγήσει σε διάφορες εκφράσεις του χριστιανισμού παρόμοιες με εκείνες που υπήρχαν πριν αρχίσει ο διωγμός και η εξάλειψη των ομάδων που προωθούσε η Ρωμαϊκή Αυτοκρατορία. Οτιδήποτε ερχόταν σε αντίθεση με την επίσημη εκδοχή της Εκκλησίας απορρίπτονταν, ανεξάρτητα από τη σημασία του. Μεταξύ αυτών των δογμάτων που προωθούνται σθεναρά από την Εκκλησία είναι η αντίληψη ότι η αμαρτία προκύπτει από κάθε γέννηση που προκύπτει από σεξουαλικές σχέσεις μεταξύ ανθρώπων, ενώ η αγιότητα συνδέεται με την τεκνοποίηση μεταξύ μιας παρθένας και ενός αγγέλου. Η αντίληψη αυτή αντιστοιχεί στα κείμενα της Μεσοποταμίας που αναφέρονται στο μεγάλο αμάρτημα του παραδείσου: τη γενετική τροποποίηση που επέτρεψε στα ανθρώπινα όντα να αναπαράγονται ανεξάρτητα. Προηγουμένως, πίστευαν ότι η αναπαραγωγή γινόταν μόνο μεταξύ θεών και ανθρώπων.

Τα αρχαία κείμενα υποδηλώνουν ότι οι ανθρώπινες γυναίκες γονιμοποιούνταν από αυτούς τους εξωγήινους θεούς, οι οποίοι συνήθως περιτριγυρίζονταν από γυναίκες για τον σκοπό αυτό. Οι αναφορές στη Βίβλο σε έκπτωτους αγγέλους που είχαν σχέσεις με γυναίκες, σε αγγέλους που γονιμοποίησαν τη Μαρία και άλλες γυναίκες και στον Ιεχωβά είναι όλες αναφορές στα ίδια όντα και όχι σε ξεχωριστές οντότητες, όπως προτείνουν οι αβρααμικές θρησκείες. Επιπλέον, αν οι ιστορίες απαγωγής μοιάζουν πολύ με τις περιγραφές της Μαρίας, της μητέρας του Ιησού, δεν είναι παράλογο να υποθέσουμε ότι πολλοί Χριστοί γεννήθηκαν στη Γη και αλλού στο σύμπαν.

Όπως παρατήρησε ο Paul Anthony Wallis, «Όταν οι Χριστιανοί αφηγούνται την ιστορία του Ιησού, (...) είναι μια ιστορία της μοναδικότητας του Ιησού. Αλλά όταν ξανακοιτάξεις, συνειδητοποιείς ότι μοιάζει πολύ με τη γέννηση του Ιωάννη του Βαπτιστή, του Ισαάκ... Ο Ισαάκ είναι ένα παράδειγμα εγκυμοσύνης που προέκυψε από μια στενή συνάντηση με τρία ουράνια όντα. Οι γονείς του, ο Αβραάμ και η Σάρα, έχουν μια στενή συνάντηση με εξωγήινους και στη συνέχεια, με υπερφυσικό τρόπο, η Σάρα μένει έγκυος. Η ίδια ιστορία ισχύει και για τον Λάο Τζου... και αντιλαμβανόμαστε ότι αυτή η αφήγηση των τροποποιημένων κυήσεων, της τεχνητής γονιμοποίησης και της εξωσωματικής γονιμοποίησης... οι πρόγονοί μας τα ονόμαζαν παιδιά των άστρων, αλλά η ιστορία είναι πολύ μεγαλύτερη. Όταν ακούμε ότι η Μαρία συναντά ένα ανώμαλο ον και στη συνέχεια μένει έγκυος σε κάποιον που έχει εξαιρετική επίγνωση, ευφυΐα και δύναμη, συνειδητοποιούμε ότι αυτό είναι μέρος μιας πολύ μεγαλύτερης αφήγησης. Δεν πρέπει λοιπόν να μας εκπλήσσει το γεγονός ότι βρίσκουμε παρόμοιες ιστορίες με διαφορετικά ονόματα που μεταφέρουν τις ίδιες ιδέες» (Στο Podcast του Jeff Mara).

Αν όλοι οι αστρικοί σπόροι μοιάζουν με τις χριστιανικές διδασκαλίες και τη συνείδηση, τότε ο αληθινός χριστιανισμός πρέπει να αναγνωριστεί ως μια ιδεολογία που έχει τις ρίζες της στη διαπλανητική οικογένεια που αντιπροσωπεύεται από τα άβαταρ που έρχονται σε αυτόν τον πλανήτη, όπως ο Ιησούς. Δεν χρειάζεται να απαξιώσουμε αυτά τα γεγονότα εξαιτίας των διαφορών τους- όπως δείχνουν πολλές συναντήσεις, οι εξωγήινοι παρουσιάζουν γενικά ψευδαισθήσεις που είναι σύμφωνες με αυτό που τα άτομα μπορούν να αποδεχτούν. Ως εκ τούτου, είναι φυσιολογικό για όσους πιστεύουν μόνο στους αγγέλους να τους βλέπουν, προκειμένου να αισθάνονται πιο άνετα και να συμμετέχουν στην εμπειρία. Αυτό μπορεί να εξηγήσει γιατί η Μαρία είδε τον Αρχάγγελο Μιχαήλ. Αν και δεν μπορούμε να γνωρίζουμε οριστικά τι βίωσε, είναι πιθανό να συνάντησε κάτι που την έκανε πρόθυμη να συμμετάσχει σε ένα εξωγήινο πείραμα.

Επιπλέον, είναι παράλογο να αναφερόμαστε σε αυτήν ως την Παρθένο Μαρία. Όπως επισημαίνει ο Ντον Στιούαρτ, «Αν ίσχυε αυτό, ο Ιησούς θα ήταν μοναχοπαίδι. Ωστόσο, οι Γραφές δείχνουν ότι ο Ιησούς είχε αδέρφια και αδερφές. Το κατά Ματθαίον 1:25 υποδηλώνει επίσης έντονα ότι ο Ιωσήφ είχε κανονικές σεξουαλικές σχέσεις με τη

Μαρία μετά τη γέννηση του Ιησού. Επομένως, το χωρίο αυτό παρέχει ένα ισχυρό επιχείρημα κατά της άποψης ότι η Μαρία ήταν αιώνια παρθένα. Επιπλέον, οι Γραφές βεβαιώνουν ότι ο Ιωσήφ και η Μαρία είχαν και άλλα παιδιά που ήταν αδέρφια του Ιησού» (Στη Βίβλο με μπλε γραμματοσειρά).

Κεφάλαιο 29: Η κληρονομιά του Ιησού

Η Βίβλος μας λέει ότι κατά τη διάρκεια της διακονίας του Ιησού, «ούτε καν οι αδελφοί του δεν πίστεψαν σ' αυτόν» (Ιωάννης 7:5). Ωστόσο, αργότερα έγιναν ενεργοί ηγέτες στην εκκλησία του και δύο από αυτούς - ο Ιάκωβος και ο Ιούδας - έγραψαν επιστολές που αποτελούν μέρος της Καινής Διαθήκης. Αυτό υποδηλώνει ότι στην πραγματικότητα ήταν πραγματικά αδέλφια, βιολογικοί γιοι του Ιωσήφ και της Μαρίας, και όχι ετεροθαλή αδέλφια. Ορισμένοι μελετητές μάλιστα υποστηρίζουν ότι ένας από τους αδελφούς ήταν δίδυμος. Ο καθηγητής Dale Martin, ειδικός στην Καινή Διαθήκη και καθηγητής στο Πανεπιστήμιο Yale, αποκάλυψε ότι ορισμένες χριστιανικές παραδόσεις πιστεύουν ότι ο Ιησούς είχε έναν δίδυμο αδελφό. Δήλωσε σε μια από τις διαλέξεις του: «Ο αδελφός του ήταν ο Δίδυμος Ιούδας Θωμάς. Ο Δίδυμος είναι η ελληνική λέξη για τον «δίδυμο», ενώ το «Θωμάς» είναι σημιτική, είτε εβραϊκή, είτε αραμαϊκή, είτε συριακή, όλες παρόμοιες γλώσσες».

Ο Martin συνεχίζει να εξηγεί: «Το "πραγματικό" του όνομα είναι Ιούδας, και τα Δίδυμος και Θωμάς είναι τα παρατσούκλια του - το ένα ελληνικό και το άλλο σημιτικό ή αραμαϊκό. Αυτό χρησιμοποιήθηκε ως απόδειξη από ορισμένες πρώιμες χριστιανικές παραδόσεις για να ισχυριστούν ότι ο Θωμάς ήταν ο δίδυμος αδελφός του Ιησού». Η παράδοση των Θωμαϊτών, μια μορφή χριστιανισμού ιδιαίτερα δημοφιλής σε περιοχές της σύγχρονης Μέσης Ανατολής, ανάγει τις πεποιθήσεις της στον απόστολο Θωμά και υποστηρίζει επίσης την ιδέα ότι ο Ιησούς και ο Ιούδας ήταν δίδυμοι αδελφοί.

Είναι εύλογο και δεν είναι δύσκολο να δεχτούμε ότι ο Ιούδας ήταν επίσης ένας αστεροσπόρος όπως ο Ιησούς, αν και έγινε ένας από τους μαθητές του. Αυτό εγείρει το ερώτημα: ποιος θα μπορούσε να σταυρωθεί, αν όχι ο Ιησούς, αλλά ο Ιούδας; Πολλές αιρέσεις της εποχής φάνηκε να πιστεύουν κάτι τέτοιο. Η πληροφορία αυτή πιθανώς αποσιωπήθηκε για να τονιστεί η μοναδικότητα του Ιησού. Ωστόσο, αν ο Ιησούς και ο Ιούδας ήταν όντως δίδυμοι αδελφοί, θα μοιράζονταν την ίδια εξωγήινη καταγωγή και το ίδιο θεϊκό δυναμικό.

Αυτό μας οδηγεί στο ερώτημα γιατί οι Χριστιανοί συνεχίζουν να αναφέρονται στη Μαρία ως παρθένα και στον Ιησού ως τον μοναχογιό της. Εδώ βρίσκουμε μυστικιστικούς παραλληλισμούς με την αιγυπτιακή ιστορία της Ίσιδας. Μεγάλο μέρος αυτού που έκανε η Ρωμαϊκή Αυτοκρατορία με τον Χριστιανισμό ήταν να ενσωματώσει τις διάφορες θρησκείες της αυτοκρατορίας, συμπεριλαμβανομένων πολλών παγανιστικών δοξασιών από τη Μέση Ανατολή, και στη συνέχεια να διώξει και να εξαλείψει όσους δεν αποδέχονταν αυτό το νέο σύστημα πεποιθήσεων. Ο Χριστιανισμός δεν ήταν απλώς η θρησκεία της Ρωμαϊκής Αυτοκρατορίας, αλλά μία από τις πολλές πεποιθήσεις που ενσωματώθηκαν σε μια στρατηγική ελέγχου των ανθρώπων μέσω του φόβου του Θεού, προωθώντας την υπακοή στην εξουσία.

Η μέθοδος αυτή αποδείχθηκε πιο αποτελεσματική από την άμεση βία, και με την πάροδο του χρόνου, οι βασιλείς και οι βασίλισσες υιοθέτησαν παρόμοιες στρατηγικές για να διατηρήσουν την εξουσία επί των υπηκόων τους. Τα διάφορα χριστιανικά δόγματα που προέκυψαν από αυτή την ιστορία τα τελευταία χρόνια είναι απλώς διαφορετικά παρακλάδια της ίδιας πλάνης, που δεν προσφέρουν τίποτα καινούργιο και βασίζονται στα ίδια βασικά κείμενα. Αν και η Βίβλος μπορεί να μεταφραστεί με πολλούς τρόπους, παραμένει το ίδιο βιβλίο: ένα βιβλίο που έχει τις ρίζες του στην πολιτική προπαγάνδα, στον έλεγχο του νου, στην εξαπάτηση και στην ενοποίηση των πιστών κάτω από ένα σύστημα μαζικής ύπνωσης. Η Βίβλος χρησιμεύει ως εργαλείο κατήχησης με σκοπό την εξάλειψη του παγανισμού και άλλων συστημάτων πεποιθήσεων που προάγουν την ανεξάρτητη σκέψη και την εξερεύνηση του πλήρους δυναμικού μας μέσω των τεχνών, που τώρα υποβιβάζονται στον τομέα του αποκρυφισμού, της μαγείας και των μυστικιστικών πρακτικών.

Η ενορχήστρωση αυτής της καταστολής υπήρξε τόσο αποτελεσματική ώστε, μέχρι σήμερα, σπάνια βλέπουμε την εμφάνιση νέων θρησκειών που μπορούν να ανταγωνιστούν σε ισότιμο πεδίο ανταγωνισμού. Στην πραγματικότητα, οι περισσότεροι άνθρωποι είναι τόσο επηρεασμένοι από τη δική τους κουλτούρα - συχνά διαποτισμένοι από τις χριστιανικές αξίες - που απορρίπτουν τις πνευματικές πρακτικές που δεν αναφέρουν τον Ιησού. Ωστόσο, μόνο με την ενσωμάτωση των αληθινών διδασκαλιών του Ιησού, όπως παρουσιάζονται στην αρχική αραμαϊκή γλώσσα και εκφράζονται πλήρως στις γνωστικές γραφές, οι οποίες θεωρούνταν αιρετικές και απαγορευμένες, μπορεί κανείς να κατανοήσει πραγματικά τις διδασκαλίες που αποδίδονται στον Ιησού Χριστό.

Αξίζει να σημειωθεί ότι ήταν σύνηθες για τις αιρέσεις της εποχής να χρησιμοποιούν ένα μόνο όνομα για να αντιπροσωπεύουν μια ολόκληρη ομάδα. Οι Έλληνες, για παράδειγμα, ομαδοποιούσαν διάφορα εξωγήινα όντα κάτω από τον όρο «Θεός» και, ομοίως, έγραφαν με το ψευδώνυμο Ερμής Τρισμέγιστος, μια συλλογικότητα που προερχόταν από τις αρχαίες αιγυπτιακές παραδόσεις. Ομοίως, τα βιβλία της Βίβλου -ιδίως η Παλαιά Διαθήκη- αποδίδονται συχνά σε συγκεκριμένους συγγραφείς, όπως ο Μωυσής, ο Δαβίδ ή ο Σολομώντας. Ωστόσο, πολλά από αυτά τα κείμενα πιθανότατα συντάχθηκαν και επεξεργάστηκαν από διάφορους γραφείς και μελετητές επί αιώνες, και οι αποδιδόμενοι συγγραφείς χρησιμεύουν ως συμβολικές φιγούρες που αντιπροσωπεύουν τη συλλογική συγγραφή.

Η χρήση ενός ονόματος για την εκπροσώπηση μιας ολόκληρης ομάδας ήταν κοινή πρακτική στην Ελλάδα και σε άλλα μέρη του κόσμου, απλοποιώντας ουσιαστικά μια σειρά διδασκαλιών υπό έναν και μόνο συγγραφέα. Αυτό ήταν ιδιαίτερα συνηθισμένο στις θρησκευτικές λατρείες, αλλά όχι αποκλειστικά. Για παράδειγμα, αν και ο Κομφούκιος συχνά αποδίδεται ως συγγραφέας των Αναλέκτων και άλλων έργων, πολλοί μελετητές πιστεύουν ότι τα κείμενα αυτά συγκεντρώθηκαν και επεξεργάστηκαν από τους μαθητές και τους οπαδούς του με την πάροδο του χρόνου. Έτσι, το όνομα «Κομφούκιος» αντιπροσωπεύει μια ευρύτερη παράδοση σκέψης και διδασκαλίας και όχι το έργο ενός μεμονωμένου ατόμου.

Ωστόσο, είναι λογικό να υποθέσουμε ότι ο Ιησούς μπορεί να ήταν μια μυθολογική φιγούρα που δεν υπήρξε ποτέ στην πραγματικότητα ή, αν υπήρξε, μπορεί να ήταν αρκετά διαφορετική από την αναπαράσταση που έχουμε σήμερα. Ακριβώς όπως επινοούμε ιστορίες για τη ζωή μας που ξέρουμε ότι δεν είναι αληθινές αλλά τις πιστεύουν οι άλλοι, έτσι και οι άνθρωποι μπορούν να επινοήσουν ιστορίες για τη ζωή του Ιησού που δεν είναι αληθινές αλλά τις πιστεύουν οι άλλοι.

123

Κεφάλαιο 30: Αναζητώντας την αλήθεια

Στη δική μου ζωή, έχω συναντήσει πολλούς ανθρώπους που είναι απόλυτα πεπεισμένοι ότι ξέρουν ποιος είμαι και προτιμούν να κουτσομπολεύουν για μένα παρά να αναζητούν την αλήθεια άμεσα. Πιστεύουν ότι η φαντασία τους είναι πιο αληθινή από την πραγματικότητά μου. Το έχω παρατηρήσει αυτό στα πανεπιστήμια, σε διάφορες θρησκευτικές οργανώσεις, συμπεριλαμβανομένων των Ροδόσταυρων και άλλων εσωτεριστικών ομάδων, και αλλού. Οι άνθρωποι συχνά επινοούν ψευδείς ιστορίες για μένα. Αν αυτό συμβεί σε μένα, μπορώ μόνο να φανταστώ μέχρι πού θα φτάσουν οι άνθρωποι για να μιλήσουν για κάποιον που μπορεί να μην υπήρξε ποτέ.

Οι άνθρωποι έχουν εμμονή με τις φαντασιώσεις. Αποδέχονται την παραφροσύνη τους και τη νομιμοποιούν με το πρόσχημα της θρησκείας, επικυρώνοντας τις αυταπάτες τους μέσω μιας συλλογικότητας που μοιράζεται την ίδια σχιζοφρένεια. Σε πολλές αναδυόμενες χριστιανικές ομάδες, φαίνεται ότι τα μέλη ανταγωνίζονται για το ποιος μπορεί να είναι ο πιο ευφάνταστος, καθώς εκείνοι με την πιο γόνιμη φαντασία τείνουν να προσελκύουν την περισσότερη προσοχή. Ωστόσο, πιστεύω ότι όσο περισσότερο κατανοούμε το αληθινό μήνυμα των αληθινών προφητών, τόσο περισσότερο θα συνειδητοποιήσουμε τη σημασία της ενσωμάτωσης της ανθρωπότητας με άλλα εξωγήινα όντα. Διαφορετικές ιστορικές περίοδοι, πολιτισμικό υπόβαθρο και λεξιλόγιο σημαίνουν ότι οι Αστεροσπόροι εκφράζουν συμπαντικές αλήθειες με φαινομενικά διαφορετικούς τρόπους, αλλά τα μηνύματα αυτά μεταφέρουν τρεις σημαντικές αρχές:

Ενότητα: είμαστε όλοι μέρος μιας μεγάλης οικογένειας και δεν πρέπει να κάνουμε διακρίσεις εις βάρος κανενός λόγω της εμφάνισης ή της καταγωγής του.

Συνεργασία: πρέπει να συνεργαστούμε για να επιτύχουμε μια εξέλιξη που προάγει την επιβίωσή μας σε αυτόν τον πλανήτη και σε ολόκληρο τον γαλαξία.

Συμπόνια: πρέπει να επιλύουμε και να εξαλείφουμε τις συγκρούσεις με συμπόνια και ενσυναίσθηση για όλους και να προσπαθούμε να γινόμαστε πιο συμπονετικοί.

Αυτή η τελευταία αξία συνδέεται στενά με αυτό που διδάσκουν οι χριστιανικές γραφές για την αγάπη προς τους εχθρούς σας. Αυτό δεν σημαίνει ότι πρέπει να δεχόμαστε παθητικά τις προσπάθειες να μας βλάψουν- αντίθετα, πρέπει να βλέπουμε αυτούς που μας αντιτίθενται ως ψυχικά ασθενείς, πράγμα που μας επιτρέπει να τους συγχωρούμε και να ξεπερνάμε τις τραυματικές μας εμπειρίες. Εν τω μεταξύ, δεν πρέπει να παραμένουμε παθητικοί απέναντι στις προσπάθειες καταστολής της αλήθειας. Τις τελευταίες δεκαετίες, πολλά αγνοήθηκαν και κρύφτηκαν κάτω από την ομπρέλα της «απαγορευμένης αρχαιολογίας», επειδή η επιστημονική κοινότητα δεν είναι ακόμη έτοιμη να αναδιοργανωθεί και να διακινδυνεύσει την αξιοπιστία της αποκαλύπτοντας ανακαλύψεις που σχετίζονται με εξωγήινες παρεμβάσεις.

Michael A. Cremo, αναπληρωτής ερευνητής στην ιστορία της αρχαιολογίας και μέλος της Παγκόσμιας Αρχαιολογικής Επιτροπής, δήλωσε: «Θα είναι δύσκολο να δεχτούμε ότι ανθρώπινα όντα σαν εμάς υπάρχουν μόνο για περίπου 100.000 ή 200.000 χρόνια και ότι πριν από αυτό υπήρχαν μόνο πιο πρωτόγονοι ανθρώπινοι πρόγονοι» (In Talks at Google). Οι περισσότεροι άνθρωποι συνεχίζουν να προσκολλώνται σε ξεπερασμένες πεποιθήσεις, παρερμηνείες και ψέματα, επειδή η κοινωνία δεν είναι έτοιμη να αποδεχτεί την αλήθεια. Αυτή η αλήθεια απαιτεί ένα νέο επίπεδο συνείδησης που επιτρέπει στους ανθρώπους να δουν την πραγματικότητα όπως πραγματικά είναι.

Η ενσωμάτωση αυθεντικών πνευματικών διδασκαλιών, σε συνδυασμό με την αποδοχή της εξωγήινης καταγωγής μας και της εξωγήινης παρέμβασης, είναι θεμελιώδης για την εξέλιξη της ανθρωπότητας. Καθώς προοδεύουμε, είναι επιτακτική ανάγκη να αμφισβητήσουμε τις αφηγήσεις που μας έχουν επιβληθεί και να αναζητήσουμε την αλήθεια πέρα από το πέπλο της εξαπάτησης. Με αυτόν τον τρόπο, μπορούμε να αρχίσουμε να θεραπεύουμε τις διαιρέσεις που δημιουργούνται από τα θρησκευτικά δόγματα και να αποδεχτούμε τις αλήθειες που μας ενώνουν. Αυτό το ταξίδι είναι απαραίτητο αν θέλουμε να εξελιχθούμε ως είδος και να πάρουμε τη θέση που μας αξίζει στο σύμπαν.

Τελικά, η αλήθεια θα μας απελευθερώσει, αλλά μόνο αν είμαστε πρόθυμοι να την αποδεχτούμε και να την ενσωματώσουμε στη ζωή μας. Το μονοπάτι προς την πνευματική απελευθέρωση είναι στρωμένο με γνώση, κατανόηση και το θάρρος να αμφισβητήσουμε το status quo. Απαιτεί να εγκαταλείψουμε τις ψευδαισθήσεις του παρελθόντος και να αποδεχτούμε την πραγματικότητα του παρόντος, προκειμένου να οικοδομήσουμε ένα μέλλον που θα ανταποκρίνεται στις θεϊκές μας δυνατότητες.

Η ανθρώπινη ιστορία, όπως την ξέρουμε, είναι μια προσεκτικά σχεδιασμένη αφήγηση που έχει σχεδιαστεί για να μας κρατήσει στο σκοτάδι σχετικά με την πραγματική μας προέλευση και τις δυνατότητές μας. Το επίσημο ιστορικό αρχείο είναι γεμάτο κενά, ασυνέπειες και κατασκευές, όλα σχεδιασμένα για να διατηρήσουν το status quo και να μας εμποδίσουν να αμφισβητήσουμε τη φύση της ύπαρξής μας. Ωστόσο, εμβαθύνοντας στην κρυφή ιστορία της ανθρωπότητας, μπορούμε να αρχίσουμε να αποκαλύπτουμε την αλήθεια που έχει αποσιωπηθεί εδώ και χιλιετίες.

Κεφάλαιο 31:
Αρχαίοι πολιτισμοί

Μια από τις πιο συναρπαστικές πτυχές της κρυφής ιστορίας μας είναι η ύπαρξη προηγμένων αρχαίων πολιτισμών που προϋπήρχαν της σημερινής μας κατανόησης της ανθρώπινης ανάπτυξης. Πολιτισμοί όπως η Ατλαντίδα και η Λεμουρία συχνά απορρίπτονται ως μύθοι, αλλά υπάρχουν πειστικές αποδείξεις ότι υπήρξαν πραγματικοί και διέθεταν τεχνολογίες πολύ πέρα από αυτές που διαθέτουμε σήμερα. Οι θρύλοι για την Ατλαντίδα περιγράφουν μια εξαιρετικά προηγμένη κοινωνία που υπήρχε πριν από χιλιάδες χρόνια, η οποία χαρακτηριζόταν από εξελιγμένη αρχιτεκτονική, μηχανική και ακόμη και προηγμένες μορφές ενέργειας. Ο Έλληνας φιλόσοφος Πλάτων έγραψε για την Ατλαντίδα στους διαλόγους του «Τίμαιος» και «Κριτίας», περιγράφοντάς την ως ένα ισχυρό νησιωτικό έθνος που βυθίστηκε σε ένα κατακλυσμιαίο γεγονός.

Αν και οι παραδοσιακοί ιστορικοί απορρίπτουν γενικά αυτές τις αφηγήσεις ως απλούς μύθους, υπάρχουν ενδιαφέροντες παραλληλισμοί μεταξύ των περιγραφών της Ατλαντίδας και των ερειπίων αρχαίων πόλεων που βρίσκονται σε όλο τον κόσμο, όπως αυτά της Αιγύπτου, του Περού και του Μεξικού. Ομοίως, ο μύθος της Λεμουρίας, γνωστής και ως Μυ, περιγράφει μια ήπειρο που κάποτε υπήρχε στον Ειρηνικό Ωκεανό. Αυτός ο πολιτισμός λέγεται ότι προϋπήρχε της Ατλαντίδας και διέθετε προηγμένες γνώσεις για τη φύση και το σύμπαν. Αν και τα φυσικά στοιχεία για τη Λεμουρία είναι ελάχιστα, πολυάριθμες πολιτιστικές και γλωσσικές συνδέσεις μεταξύ των λαών της περιοχής του Ειρηνικού υποδηλώνουν κοινή καταγωγή και προέλευση.

Οι εξωγήινοι έχουν διαδραματίσει σημαντικό ρόλο στην ανάπτυξη της ανθρωπότητας. Κατά τη διάρκεια της ιστορίας, διάφορες μαρτυρίες περιγράφουν συναντήσεις με όντα από άλλους κόσμους, που συνήθως απεικονίζονται ως θεοί, άγγελοι ή άλλες υπερφυσικές οντότητες. Οι συναντήσεις αυτές επηρέασαν βαθιά τον ανθρώπινο πολιτισμό, τη θρησκεία και την τεχνολογία. Για παράδειγμα, τα αρχαία κείμενα των Σουμερίων αναφέρονται σε μια φυλή όντων γνωστών ως Ανουννάκι, οι οποίοι θα είχαν έρθει στη Γη από τον πλανήτη Νιμπίρου. Σύμφωνα με αυτά τα κείμενα, οι Ανουννάκι δημιούργησαν την ανθρωπότητα μέσω γενετικής μηχανικής, συνδυάζοντας το DNA τους με αυτό των πρώτων ανθρωποειδών. Αυτή η παρέμβαση λέγεται ότι είχε ως αποτέλεσμα το σύγχρονο ανθρώπινο είδος, προικισμένο με μοναδικά χαρακτηριστικά και δυνατότητες.

Ομοίως, ο αρχαίος αιγυπτιακός πολιτισμός επηρεάστηκε βαθιά από την επαφή με εξωγήινα όντα. Οι θεοί της Αιγύπτου, όπως ο Ρα, ο Όσιρις και η Ίσιδα, συχνά απεικονίζονται ως προερχόμενοι από τα αστέρια και κατέχοντες προηγμένη γνώση και τεχνολογία. Οι πυραμίδες και άλλες μνημειακές κατασκευές της Αιγύπτου μαρτυρούν τις προηγμένες μηχανικές και αρχιτεκτονικές δεξιότητες αυτών των αρχαίων λαών, δεξιότητες που μπορεί να είχαν αποκτηθεί μέσω της επαφής με εξωγήινα όντα. Παρά την πληθώρα των στοιχείων που υποστηρίζουν την ύπαρξη προηγμένων αρχαίων πολιτισμών και την εξωγήινη παρέμβαση, η γνώση αυτή έχει συστηματικά κατασταλεί από τους κυβερνώντες.

Οι λόγοι αυτής της καταστολής είναι πολύπλοκοι και ποικίλοι, αλλά τελικά απορρέουν από την επιθυμία να διατηρηθεί ο έλεγχος των μαζών και να εμποδιστούν από το να αμφισβητήσουν την καθιερωμένη τάξη και τους θεσμούς της. Ένα από τα κύρια μέσα καταστολής αυτής της γνώσης είναι ο έλεγχος της εκπαίδευσης και των μέσων μαζικής ενημέρωσης. Το επίσημο ιστορικό αρχείο επιλέγεται προσεκτικά για να αποκλείσει κάθε στοιχείο που το διαψεύδει. Όσοι τολμούν να αμφισβητήσουν αυτή την αφήγηση συχνά γελοιοποιούνται, περιθωριοποιούνται ή ακόμη και διώκονται.

Επιπλέον, η παραπληροφόρηση και η προπαγάνδα χρησιμοποιούνται για να συσκοτίσουν την αλήθεια. Δημιουργούνται και διαδίδονται ψευδείς αφηγήσεις για να προκαλέσουν σύγχυση και παραπλάνηση του κοινού, καθιστώντας δύσκολη τη διάκριση μεταξύ γεγονότων και μυθοπλασίας. Αυτό είναι ιδιαίτερα εμφανές στον τομέα της ουφολογίας και της μελέτης των εξωγήινων φαινομένων, όπου τα πραγματικά στοιχεία συχνά διαπλέκονται με φάρσες και παραπληροφόρηση.

Παρά τις προσπάθειες όσων βρίσκονται στην εξουσία να αποσιωπήσουν την αλήθεια, ένα αυξανόμενο κίνημα ατόμων αφυπνίζεται για την κρυφή ιστορία της ανθρωπότητας και τον ρόλο που έχουν παίξει τα εξωγήινα όντα στην ανάπτυξή μας. Αυτή η αφύπνιση τροφοδοτείται από την επιθυμία να κατανοήσουμε την αληθινή φύση της ύπαρξής μας και να διεκδικήσουμε την πνευματική μας κυριαρχία. Καθώς συνεχίζουμε να ξετυλίγουμε το κουβάρι της κρυφής ιστορίας της ανθρωπότητας, συνειδητοποιούμε ότι δεν είμαστε μόνοι στο σύμπαν και ότι είμαστε μέρος μιας πολύ μεγαλύτερης κοσμικής οικογένειας. Στην πραγματικότητα, σύμφωνα με τον Alex Collier, υπάρχουν 135 δισεκατομμύρια ανθρώπινα όντα στο σύμπαν μας και 100 τρισεκατομμύρια κατοικημένοι γαλαξίες. Αυτό συνεπάγεται έναν σημαντικό αριθμό πολιτισμών που δεν έχουν ακόμη ανακαλυφθεί. Το πιο ενδιαφέρον είναι ότι υπάρχει ένας μεγάλος αριθμός πλανητών που μοιάζουν με τη Γη και είναι έτοιμοι να κατοικηθούν από ανθρώπινα όντα με κίνητρο την αγάπη και την αίσθηση της ενότητας, τα οποία μπορούν να οικοδομήσουν νέους πολιτισμούς και να διορθώσουν τα λάθη των προγόνων τους στη Γη.

Αυτή η συνειδητοποίηση έχει βαθιές επιπτώσεις στην κατανόηση του εαυτού μας και της θέσης μας στο σύμπαν. Έχει επίσης τη δυνατότητα να μεταμορφώσει τον κόσμο μας αν υιοθετήσουμε τις αξίες της συμπόνιας, της ενσυναίσθησης και της ενότητας που βρίσκονται στο επίκεντρο των αληθινών πνευματικών διδασκαλιών. Αυτή η αναζήτηση απαιτεί την ταπεινότητα να μελετήσουμε, να αφομοιώσουμε νέους τρόπους σκέψης και να εξελιχθούμε πέρα από αυτό που κάποτε θεωρούσαμε ανθρώπινη φύση. Είναι σοφό να προετοιμαστείτε πνευματικά για αυτή την άνοδο, μαθαίνοντας για τους διάφορους πολιτισμούς στη Γη, εκτιμώντας τις διαφορές μας και κατανοώντας τι μπορούν να μας προσφέρουν για να γίνουμε καλύτερα άτομα.

Επίλογος

Καθώς ολοκληρώνουμε την εξερεύνηση των κρυμμένων ιστοριών και των πνευματικών αληθειών που διαμορφώνουν την ύπαρξή μας, μας υπενθυμίζεται η διασύνδεση όλων των όντων και η ζωτική σημασία της συμπόνιας, της ενσυναίσθησης και της ενότητας. Το ταξίδι μέσα από την «Απαγορευμένη Γνώση» αποκάλυψε τη συστηματική καταστολή της γνώσης από τους ισχυρούς και τη χειραγώγηση της εκπαίδευσης και των μέσων ενημέρωσης για τη διατήρηση του ελέγχου των μαζών. Παρά τις προκλήσεις αυτές, ένα αυξανόμενο κίνημα ατόμων αφυπνίζεται για την κρυφή ιστορία της ανθρωπότητας και τον ρόλο των εξωγήινων όντων στην ανάπτυξή μας. Υιοθετώντας τις αξίες της συμπόνιας, της ενσυναίσθησης και της ενότητας, μπορούμε να μεταμορφώσουμε τον κόσμο μας και να πάρουμε τη θέση που μας αξίζει στο σύμπαν. Το μονοπάτι προς την πνευματική απελευθέρωση είναι στρωμένο με γνώση, κατανόηση και το θάρρος να αμφισβητήσουμε το status quo. Καθώς συνεχίζουμε να ξετυλίγουμε το κουβάρι της κρυμμένης ιστορίας της ανθρωπότητας, μας υπενθυμίζεται ότι η αλήθεια θα μας απελευθερώσει, αλλά μόνο αν είμαστε πρόθυμοι να την αποδεχτούμε και να την ενσωματώσουμε στη ζωή μας.

Αναφορές

Cremo, M. A. (1993). *Forbidden Archeology: The Hidden History of the Human Race*. Bhaktivedanta Book Publishing.

Fenton, D., & Fenton, B. R. (2019). *Hybrid Humans*. New Page Books.

Makukov, M. A., & Cherbak, V. I. (2012). The "Wow! signal" of the terrestrial genetic code. Icarus, 224(1), 228-242.

Martin, D. B. (2010). *New Testament History and Literature*. Yale University Press.

Plackett, B. (2021, April 21). How many human species have ever existed? *Live Science*. In www.livescience.com.

Plato. (n.d.). *Timaeus and Critias*. Ancient Greek texts discussing the legend of Atlantis.

Sitchin, Z. (1976). *The 12th Planet*. Bear & Company.

Wallis, P. A. (2019). *Escaping from Eden*. Bear & Company.

WikiLeaks. (n.d.). *The Global Intelligence Files*. Release of emails revealing intelligence operations.

Γλωσσάριο όρων

A nunnaki: ομάδα θεοτήτων ή εξωγήινων όντων που αναφέρονται σε αρχαία κείμενα των Σουμερίων. Συχνά συνδέονται με τη δημιουργία της ανθρωπότητας και τη μεταφορά προηγμένης γνώσης και τεχνολογίας.

Ατλαντίδα: θρυλικό νησί που περιγράφεται από τον Έλληνα φιλόσοφο Πλάτωνα. Πιστεύεται ότι φιλοξενούσε έναν προηγμένο πολιτισμό, ο οποίος καταστράφηκε από ένα κατακλυσμιαίο γεγονός. Η Ατλαντίδα αναφέρεται συχνά ως παράδειγμα χαμένου αρχαίου πολιτισμού με αξιοσημείωτη τεχνολογία.

Αρχαίοι πολιτισμοί: προηγμένες κοινωνίες που υπήρχαν στο μακρινό παρελθόν και χαρακτηρίζονταν από εξελιγμένη αρχιτεκτονική, τεχνολογία και πολιτιστικά επιτεύγματα. Αξιοσημείωτα παραδείγματα είναι η Ατλαντίδα, η Λεμουρία και η Αρχαία Αίγυπτος.

Αποπληροφόρηση: ψευδείς ή παραπλανητικές πληροφορίες που διαδίδονται σκόπιμα για τη χειραγώγηση της κοινής γνώμης. Η τακτική αυτή χρησιμοποιείται συχνά από τους εξουσιαστές για να αποσιωπήσουν ή να διαστρεβλώσουν την αλήθεια.

Θρησκευτικό δόγμα: ένα σύνολο πεποιθήσεων ή δογμάτων που γίνονται αποδεκτά ως αδιαμφισβήτητα και έγκυρα σε ένα θρησκευτικό πλαίσιο. Το θρησκευτικό δόγμα μπορεί να περιορίσει την πνευματική εξερεύνηση και την αναζήτηση της αλήθειας.

Γενετική μηχανική: ο σκόπιμος χειρισμός του γενετικού υλικού ενός οργανισμού για την παραγωγή επιθυμητών χαρακτηριστικών. Στο πλαίσιο των αρχαίων πολιτισμών, η έννοια αυτή συνδέεται συχνά με τους Ανουννάκι και τον υποτιθέμενο ρόλο τους στη δημιουργία της ανθρωπότητας.

Κρυφή ιστορία: γεγονότα, γνώσεις ή αφηγήσεις που έχουν σκόπιμα αποσιωπηθεί, συσκοτιστεί ή διαστρεβλωθεί. Ο όρος αυτός χρησιμοποιείται για να περιγράψει πτυχές της ιστορίας που αμφισβητούν ή έρχονται σε αντίθεση με την επίσημη αφήγηση.

Διαφωτισμός: είναι η κατάσταση αφύπνισης ή πνευματικής κατανόησης που υπερβαίνει τη συνηθισμένη συνείδηση. Συχνά συνδέεται με τη συνειδητοποίηση της αληθινής φύσης του ατόμου και της διασύνδεσης όλων των όντων.

Λεμουρία: μια υποθετική χαμένη ήπειρος ή πολιτισμός που πιστεύεται ότι υπήρχε στον Ειρηνικό Ωκεανό. Όπως και η Ατλαντίδα, η Λεμουρία αναφέρεται συχνά ως παράδειγμα αρχαίου προηγμένου πολιτισμού με εξελιγμένη τεχνολογία και γνώση.

Χειραγώγηση της εκπαίδευσης: εσκεμμένος έλεγχος ή διαστρέβλωση του εκπαιδευτικού περιεχομένου για την ικανοποίηση μιας συγκεκριμένης ατζέντας ή την καταστολή ορισμένων γνώσεων. Αυτό μπορεί να περιλαμβάνει την παράλειψη σχετικών ιστορικών γεγονότων ή την προώθηση μεροληπτικών αφηγήσεων.

Χειραγώγηση των μέσων ενημέρωσης: ο έλεγχος ή η διαστρέβλωση των πληροφοριών που διαδίδονται από διάφορα μέσα ενημέρωσης για να επηρεάσουν την κοινή γνώμη ή να αποσιωπήσουν ορισμένες αλήθειες. Αυτό μπορεί να περιλαμβάνει την παραπληροφόρηση και την προπαγάνδα.

Θεϊκή σοφία: γνώση και διορατικότητα που αποδίδεται σε θεϊκές ή υπερφυσικές πηγές, συνήθως μεταδιδόμενη μέσω θρησκευτικών κειμένων, μύθων και θρύλων. Παραδείγματα περιλαμβάνουν τη σοφία των αιγυπτιακών θεών και τις διδασκαλίες φωτισμένων μορφών όπως ο Ιησούς.

Εξωγήινα όντα: πρόκειται για οντότητες ή όντα που προέρχονται από το εξωτερικό της Γης. Συχνά συνδέονται με προηγμένους πολιτισμούς και τεχνολογίες και η εμπλοκή τους στην ανθρώπινη ιστορία αποτελεί αντικείμενο πολλών εικασιών και συζητήσεων.

Πνευματική κυριαρχία: μια έννοια που περιλαμβάνει τη διεκδίκηση πνευματικής αυτονομίας και ελευθερίας από εξωτερικό έλεγχο ή επιρροή. Περιλαμβάνει την υιοθέτηση της αληθινής φύσης και του θεϊκού δυναμικού του ατόμου, συνήθως μέσω της επιδίωξης της διαφώτισης και της πνευματικής ανάπτυξης.

Καταπίεση της γνώσης: η σκόπιμη απόκρυψη ή παρεμπόδιση πληροφοριών από τους έχοντες την εξουσία, με στόχο τη διατήρησή της ή την παρεμπόδιση της διάδοσης ορισμένων αληθειών. Αυτό μπορεί να περιλαμβάνει τη χειραγώγηση της εκπαίδευσης και των μέσων ενημέρωσης, καθώς και την παραπληροφόρηση.

Πέπλο παραπλάνησης: ένα μεταφορικό φράγμα που συσκοτίζει την αλήθεια, το οποίο συνήθως δημιουργείται μέσω της απόκρυψης της γνώσης, της παραπληροφόρησης και της χειραγώγησης της εκπαίδευσης και των μέσων ενημέρωσης. Ο όρος αυτός περιγράφει τις ψευδαισθήσεις και τις εξαπατήσεις που εμποδίζουν τους ανθρώπους να κατανοήσουν την αληθινή φύση της πραγματικότητας.

Αίτημα αναθεώρησης βιβλίου

Αγαπητέ αναγνώστη,

Σας ευχαριστούμε που αγοράσατε αυτό το βιβλίο! Θα ήθελα πολύ να ακούσω νέα σας. Η συγγραφή μιας βιβλιοκριτικής μας βοηθά να κατανοήσουμε τους αναγνώστες μας και επηρεάζει επίσης τις αποφάσεις αγοράς άλλων αναγνωστών. Η γνώμη σας είναι σημαντική. Παρακαλώ γράψτε μια κριτική βιβλίου! Η καλοσύνη σας εκτιμάται πολύ!

Σχετικά με τον συγγραφέα

Ο Dan Desmarques είναι ένας διάσημος συγγραφέας με αξιοσημείωτη πορεία στον κόσμο της λογοτεχνίας. Με ένα εντυπωσιακό χαρτοφυλάκιο 28 μπεστ σέλερ στο Amazon, συμπεριλαμβανομένων οκτώ #1 μπεστ σέλερ, ο Dan είναι μια αξιοσέβαστη προσωπικότητα στον κλάδο. Αξιοποιώντας το υπόβαθρό του ως καθηγητής πανεπιστημίου ακαδημαϊκής και δημιουργικής γραφής, καθώς και την εμπειρία του ως έμπειρος σύμβουλος επιχειρήσεων, ο Dan προσφέρει έναν μοναδικό συνδυασμό τεχνογνωσίας στο έργο του. Οι βαθιές ιδέες του και το μεταμορφωτικό του περιεχόμενο απευθύνονται σε ένα ευρύ κοινό, καλύπτοντας θέματα τόσο διαφορετικά όσο η προσωπική ανάπτυξη, η επιτυχία, η πνευματικότητα και το βαθύτερο νόημα της ζωής. Μέσα από τα γραπτά του, ο Dan ενδυναμώνει τους αναγνώστες να απελευθερωθούν από τους περιορισμούς, να απελευθερώσουν το εσωτερικό τους δυναμικό και να ξεκινήσουν ένα ταξίδι αυτογνωσίας και μεταμόρφωσης. Σε μια ανταγωνιστική αγορά αυτοβοήθειας, το εξαιρετικό ταλέντο και οι εμπνευσμένες ιστορίες του Dan τον κάνουν να ξεχωρίζει ως συγγραφέα, παρακινώντας τους αναγνώστες να ασχοληθούν με τα βιβλία του και να ξεκινήσουν ένα μονοπάτι προσωπικής ανάπτυξης και διαφώτισης.

Επίσης γραμμένο από τον συγγραφέα

1. 66 Days to Change Your Life: 12 Steps to Effortlessly Remove Mental Blocks, Reprogram Your Brain and Become a Money Magnet

2. A New Way of Being: How to Rewire Your Brain and Take Control of Your Life

3. Abnormal: How to Train Yourself to Think Differently and Permanently Overcome Evil Thoughts

4. Alignment: The Process of Transmutation Within the Mechanics of Life

5. Audacity: How to Make Fast and Efficient Decisions in Any Situation

6. Beyond Belief: Discovering Sacred Moments in Everyday Life

7. Beyond Illusions: Discovering Your True Nature

Σχετικά με τον εκδότη

Το βιβλίο αυτό εκδόθηκε από την 22 Lions Publishing.

www.22Lions.com